AF330575

EXTRAIT
DES CANTIQUES
DE ST-SULPICE,

AVEC

DE NOUVEAUX ACTES,

Pour la première Communion des Enfans,
les Vœux du Baptême et la Consécration
à la Sainte Vierge.

Si pour préconiser tes attributs sublimes,
Nous ne pouvons trouver d'assez heureuses
rimes ;
Ah ! du moins, Dieu d'amour, vois dans
nos faibles chants
La tendre expression de cœurs reconnaissans.

COUTANCES,

Chez P. L. TANQUEREY, seul imprimeur de
M.gr l'Evêque.—1828.

EXTRAIT
DES CANTIQUES
DE SAINT-SULPICE,

Avec de nouveaux Actes pour la première Communion des Enfans, les Vœux du Baptême et la Consécration à la Sainte Vierge.

~~~~~~

INVITATION A LA JEUNESSE CHRÉTIENNE DE

CONSACRER SA VOIX AU SEIGNEUR.

Air : *O Fontenai.* N.° 1.

CHÈRE Jeunesse, en qui, pour l'harmonie
L'on voit fleurir le goût et les talens,
Que la sagesse, à vos accords unie,
Vous fasse fuir les profanes accens.　　　*bis.*
　　A qui doit-on consacrer le bel âge,
La douce voix, les sons mélodieux ?
C'est au Seigneur qu'en appartient l'usage ;
Il est l'auteur de ces dons précieux.　　　*bis.*
　　Loin, loin de vous les chants de la licence !
Prêter sa voix à de coupables airs,
Serait du ciel provoquer la vengeance,
Et de l'impie imiter les concerts.　　　*bis.*
　　De la vertu chantez plutôt les charmes ;
Vos anges saints s'uniront à vos voix ;
Et les pécheurs, les yeux remplis de larmes,
Viendront aussi se ranger sous ses lois.　　　*bis.*
~~~~~~

Sainte pudeur, ornement de la vie,
Tous les mortels te doivent leur encens :
Si Babylone et t'outrage et t'oublie,
Rien ne pourra te bannir de nos chants.   *bis.*

Encor captifs, exilés sur la terre,
Joignons nos chants aux chants des bienheureux,
C'est préluder, dans ce lieu de misère,
Au saint emploi qui nous attend aux cieux.   *bis.*

AU SAINT NOM DE JÉSUS.

Air : *O Fontenai.* N.º 2.

BRILLANT flambeau, soleil, âme du monde,
Du haut des cieux étincelle sur nous :
Dis en versant ta lumière féconde :
Vive Jésus, vive ce nom si doux !   (*bis.*)
    Nuit ténébreuse, en déployant tes voiles,
Vents furieux, tempêtes en courroux,
Dites aussi par des accords fidèles :
Vive Jésus, vive ce nom si doux.   (*bis.*)
    Rians coteaux où tout plaît, intéresse,
Faites chérir le fils du Dieu jaloux ;
Parlez au cœur, et redites sans cesse :
Vive Jésus, vive ce nom si doux.   (*bis.*)
    Petit ruisseau dont l'eau tranquille et pure
Va gazouillant sur un lit de cailloux,
Entre les fleurs promène ce murmure :
Vive Jésus, vive ce nom si doux.   (*bis.*)
    Tendres oiseaux, sous cet épais feuillage,
Vivez en paix, chantez, répétez tous,
Sur la coline, au fond de ce bocage :
Vive Jésus, vive ce nom si doux.   (*bis.*)

Que tout enfin à l'envi préconise
Le nom sacré de l'immortel époux ;
Oui, qu'à jamais notre bouche redise :
Vive Jésus, vive ce nom si doux.　　(*bis.*)

CANTIQUE AVANT LA COMMUNION.

Air : *Le premier pas, etc.* N.º 3.

Vive à jamais le jour qui nous éclaire !
Il est pour nous l'aurore de la paix ;
Sous le rideau du plus profond mystère
Nous retrouvons un bienfaiteur, un père.
　　　Vive à jamais ! vive à jamais !

Vive à jamais le Dieu qui d'un sourire
Daigne honorer nos regards satisfaits !
Oui, chérissant son bienfaisant empire,
Nous ne pouvons trop souvent le redire.
　　　Vive à jamais ! vive à jamais !

Vive à jamais Jésus et sa tendresse !
Oui, dans son cœur il nous ouvre un accès....
Il est l'appui de la faible jeunesse,
Chantons-le donc et chantons-le sans cesse.
　　　Vive à jamais ! vive à jamais !

Vive à jamais la divine Marie !
Sur elle aussi fondons tous nos succès.
Par nos soupirs, par nos pleurs attendrie,
Elle est pour nous une mère chérie.
　　　Vive à jamais ! vive à jamais !

SENTIMENS D'UNE AME PÉNITENTE AVANT LA COMMUNION.

Air nouveau. N.º 4.

Heureux qui n'a point vu le trouble dans
 son âme,
Qui ne connaissant point le remord dévorant,
Toujours a pu sentir une divine flamme
Embraser son cœur innocent.
 Mais, désarmant votre colère,
Dieu bon, songez à pardonner;
Est-il possible, ô tendre Père,
Que vous vouliez me condamner?
Il est vrai, je fus infidèle
A la voix de mon bienfaiteur,
Mais quand le cœur n'est plus rebèle,
Il a droit à votre faveur.   Heureux, etc.
 O toi, l'objet de mes alarmes,
Objet d'éternelle douleur;
Vois aujourd'hui couler mes larmes,
Monde criminel et trompeur.....
Un Dieu m'appelle.... un Dieu me presse.....
Et j'entrevois l'aimable paix
Que va me donner sa tendresse.
Adieu....loin de moi pour jamais. Heureux, etc.
 Soutenu donc par l'espérance
J'approcherai de cet autel.
Amour, gloire, reconnaissance
Au tout-puissant, à l'éternel!
Et qu'à jamais ces saints portiques
Où je vais trouver le bonheur

Redisent les pieux cantiques
Où je bénirai le Seigneur.   Heureux, etc.

AVANT LA COMMUNION.

Air : *Où peut-on être mieux* ? N.º 5.

Oυ peut-on être mieux ;
Où peut-on être mieux
Qu'en cet auguste asile ?
Oui c'est ici que le Seigneur
A mes yeux voile sa grandeur !!!
    Céleste foi,
    Luis devant moi,   } bis.
    Viens embraser mon cœur.

Anges de l'immortel,
Venez sur cet autel
Entonner vos cantiques ;
Ici, le roi de majesté,
Le roi d'éternelle clarté,
    Aimable époux
    Nous conduit tous   } bis.
    A la félicité.

Le Sina tout en feu
Autrefois vit ce Dieu
Dicter sa loi suprême,
Au sein d'un tourbillon épais
Qui pouvait s'ouvrir un accès ?
    Mais aujourd'hui
    Je trouve en lui   } bis.
    La douceur et la paix.

Ce pain mystérieux,
Ici cache à mes yeux

Le maître de la gloire ;
Et puis j'entends sa douce voix !
A lui tout m'appelle à la fois.
  Oui qu'en ce jour,
  Le tendre amour
  Me soumette à ses lois. } bis.
 Où peut-on être mieux ,
Où peut-on être mieux
Qu'à ce banquet de vie ?
A Jésus donc, heureux enfans ,
Accourez offrir votre encens.
  A le bénir
  A le chérir } bis.
  Consacrez tous vos chants.

SUR LE RESPECT HUMAIN.

Air nouveau. N.º 6.

Refrain.

Bravons les enfers ,
Brisons tous nos fers ,
Sortons de l'esclavage ;
Unissons nos voix ,
Rendons à la croix
Un sincère et public hommage.
 Jurons haine au respect humain ,
Brisons cette idole fragile ,
 Sur ses débris que notre main ,
Elève un trône à l'Evangile,
  Bravons, etc.

Chrétiens d'une vaine terreur
Serons-nous toujours la victime ?
Qu'il soit banni de notre cœur
Le cruel tyran qui l'opprime.
    Bravons, etc.

Sous le joug d'un monde censeur
Nous gémissons dès notre enfance,
Recouvrons, vengeons notre honneur,
Proclamons notre indépendance.
    Bravons, etc.

Partout flottent les étendards
Qu'arbore, à nos yeux, la licence;
Faisons briller à ses regards
La bannière de l'innocence.
    Bravons, etc.

Tout chrétien doit être un soldat
Rempli d'ardeur, né pour la gloire ;
Quand son chef le mène au combat,
Tremblant, il fuirait la victoire ?
    Bravons, etc.

Tandis que sur le champ d'honneur
La valeur signale les braves,
On me verrait lâche et sans cœur
Traînant les chaînes des esclaves ?
    Bravons, etc.

Quoi vous rougissez, vils mortels ;
Honteux d'être vus dans un temple,
Adorant aux pieds des Autels
Le grand Dieu que le Ciel contemple !
    Bravons, etc.

D'hommes contre vous impuissans ,
Vous redoutez les vains murmures !
Que feriez-vous si des tyrans
Il fallait subir les tortures ?
  Bravons , etc.

Ne profanez point ce saint lieu ,
Allez , chrétiens pusillanimes ;
Qui tremble , trahira son Dieu ,
La faiblesse est mère des crimes.
  Bravons , etc.

Lâches déserteurs de la Foi ,
Jésus-Christ commande à la foudre ;
Vous osez abjurer sa loi !
Vous n'êtes pas réduits en poudre !
  Bravons , etc.

Tremblez audacieux mortels ,
Dieu diffère votre sentence ;
Ses arrêts seront éternels ,
La justice aura sa vengeance.
  Bravons , etc.

Voyez sillonner les éclairs ,
Entendez gronder le tonnerre ;
Le Roi des Cieux est dans les airs ,
Il descend pour juger la terre.
  Bravons , etc.

Venez, indignes apostats ,
Jésus n'était pas votre maître ;
Il va punir vos attentats ,
Feindrez-vous de le méconnaître ?
  Bravons , etc.

Pâles et palpitant d'effroi ;
Pour fléchir sa juste colère,
Tombant aux pieds de ce grand Roi,
Vous vous écriez : ô mon Père !
  Bravons, etc.

Quand vous méconnaissiez ma voix,
Vous répond le Dieu du Calvaire,
Quand vous rougissiez de ma Croix,
Quel était alors votre père ?
  Bravons, etc.

Esclaves du respect humain,
Allez dans le fond des abîmes ;
Allez maudits ; sachez enfin
Quel fut le plus grand de vos crimes.
  Bravons, etc.

Seigneur, ton camp sera le mien ;
Tant qu'il coulera dans mes veines
Quelques gouttes du sang chrétien,
Monde, tes menaces sont vaines.
  Bravons, etc.

Divin Roi, jusqu'à mon trépas
Mon cœur te restera fidèle ;
Puisse la Croix, guidant mes pas,
Me voir tomber, mourir près d'elle.
  Bravons, etc.

Chrétiens, le signal est donné,
Hâtons-nous, courons à la gloire,
L'heure du triomphe a sonné,
Le ciel nous promet la victoire.
  Bravons, etc.

SUR LE RESPÉCT HUMAIN.

Air : *Au blanc panache, aux fleurs de lys.*
N.º 7.

QUELLE nouvelle et sainte ardeur
En ce jour transporte mon âme ;
Je sens que l'Esprit créateur
De son feu tout divin m'enflamme.

Refrain.

Vive Jésus ! je crois, je suis chrétien ;
   Censeurs, je vous méprise :
Lancez, lancez vos traits, je ne crains rien,
   Mon bras vainqueur les brise.
   Il faut, dans un noble combat,
Pour vous, Seigneur, que je m'engage ;
Vous m'avez fait votre soldat,
Vous m'en donnerez le courage.
Vive Jésus ! etc.

   Du salut le signe sacré
Arme mon front pour ma défense ;
Devant lui l'Enfer conjuré
Perdra sa funeste puissance.
Vive Jésus ! etc.

   Le mépris d'un monde insensé
Pourrait-il m'alarmer encore ?
Loin de m'en trouver offensé,
Je sens aujourd'hui qu'il m'honore.
Vive Jésus ! etc.

   Dans sa fureur l'impiété
Veut me ravir le Dieu que j'aime ;

Je veux, fort de la vérité,
Lui dire toujours anathème.
Vive Jésus ! etc.

On a vu de faibles agneaux
Triompher de l'aveugle rage
Et des tyrans et des bourreaux ;
Faible comme eux Dieu m'encourage.
Vive Jésus ! etc.

Enfans des généreux martyrs,
Puissé-je égaler leur constance,
Et trouver mes plus doux plaisirs
Au sein même de la souffrance.
Vive Jésus ! etc.

A la mort fallût-il s'offrir,
Ou perdre, hélas ! mon innocence :
Grand Dieu ! je consens à mourir,
Ne souffrez pas que je balance.
Vive Jésus ! etc.

Seigneur, à vos aimables lois
Le grand nombre serait rebelle ;
Que mon cœur constant dans son choix,
Y serait encor plus fidèle.
Vive Jésus ! etc.

Etre à vous, c'est là notre honneur,
Divin conquérant de nos âmes !
Vous servir est notre bonheur,
O céleste objet de nos flammes !
Vive Jésus ! etc.

Chrétiens ! ranimons notre ardeur,
Contemplons la palme immortelle !

Le Ciel la promet au vainqueur,
Combattons et mourons pour elle !
Vive Jésus ! etc.

POUR LA BÉNÉDICTION DU S. SACREMENT.

Air connu. N.º 8.

O ROI des Cieux,
Vous nous rendez tous heureux ;
Vous comblez tous nos vœux
En résidant pour nous dans ces lieux.
De notre bonheur
Vous êtes l'auteur.
Prodige d'amour,
Dans ce séjour
Vous vous immolez pour nous chaque jour ;
A l'homme mortel
Vous offrez-un aliment éternel.
O Roi des Cieux ! etc.

Seigneur, vos enfans
Reconnaissans,
Vous offrent les plus tendres sentimens ;
Leurs cœurs sans retour ;
Veulent brûler du feu de votre amour.
O Roi des Cieux ! etc.

Chantons tous en chœur
Gloire et honneur
A Jésus notre aimable Rédempteur ;
Chantons à jamais
De son amour les éternels bienfaits.
O Roi des Cieux ! etc.

SUR LES VERTUS THÉOLOGALES.

Air connu. N.º 9.

Oui, je le crois
Ce que l'Eglise nous annonce ;
Oui, je le crois,
Seigneur, et j'honore ses lois ;
Toutes les fois qu'elle prononce ;
Par elle l'Esprit-Saint s'énonce ;
Oui, je le crois.
J'espère en vous,
Dieu de bonté, Dieu de clémence,
J'espère en vous :
Tout autre espoir ne m'est plus doux ;
Vous seul comblez mon espérance,
Vous seul serez ma récompense,
J'espère en vous.
O Dieu Sauveur !
Vous êtes le seul bien suprême ;
O Dieu sauveur !
A vous seul je donne mon cœur ;
Et pour l'amour de vous seul, j'aime
Mon prochain autant que moi-même,
O Dieu sauveur !

POUR L'ASSOMPTION DE LA SAINTE VIERGE.

Air : *A l'amour livrez vos cœurs.* N.º 10.

Triomphez, Reine des cieux,
A vous bénir que tout s'empresse :
Triomphez, Reine des cieux,

Dans tous les temps, dans tous les lieux.
Que l'amour nous prête,
En ce jour de fête,
Que l'amour nous prête,
Ses plus doux accords ;
Et que votre voix s'apprête
A seconder ses efforts,
Triomphez, etc.
Célébrons, en ce saint jour,
Les vertus de l'humble Marie ;
Célébrons, en ce saint jour,
Et ses bienfaits et son amour.
Sans cesse enrichie,
Jeunesse chérie,
Sans cesse enrichie,
Des plus heureux dons ;
C'est de la main de Marie,
Enfans, que nous les tenons.
Triomphez, etc.
Qu'à jamais de ses faveurs
Nos chants rappellent la mémoire.
Qu'à jamais de ses faveurs
Le souvenir charme nos cœurs.
Le ciel et la terre,
Ravis de lui plaire,
Le ciel et la terre
Chantent ses appas.
Vos enfans, ô tendre mère,
Ne vous béniront-ils pas ?
Triomphez, etc.
Achevez notre bonheur ;
Retracez en nous votre image ;

Achevez notre bonheur ;
Et gravez dans nous votre cœur,
Guidez de l'enfance,
Par votre puissance ,
Guidez de l'enfance
Les pas chancelans :
Et que l'aimable innocence
Couronne nos derniers ans,
Triomphez, etc.

MOTIFS DE CONFIANCE ENVERS MARIE.

Air : *Pauvre Jacques , etc.* N.º 11.

UNE VOIX.

Vous qu'en ces lieux combla de ses bienfaits
  Une mère auguste et chérie ,
Enfans de Dieu, que vos chants à jamais
  Exaltent le nom de Marie.　　*bis.*
Je vois monter tous les vœux des mortels
  Vers le trône de sa clémence ;
Tout à sa gloire élève des autels
  Des mains de la reconnaissance.

TOUS.

Nous qu'en ces lieux combla de ses bienfaits
  Une mère auguste et chérie ,
Enfans de Dieu, que nos chants à jamais
  Exaltent le nom de Marie.　　*bis.*
Ici, sa voix puissante sur nos cœurs
  A la vertu nous encourage ;
Sur le saint joug elle répand des fleurs ;
  Notre innocence est son ouvrage.　　*bis.*

Si le lion rugit autour de nous,
   Elle étend son bras tutélaire :
L'enfer frémit d'un impuissant courroux ;
   Et le ciel sourit à la terre.

     Nous qu'en ces lieux, etc.

Quand le chagrin, de ses traits acérés,
   Blesse nos cœurs et les déchire,
Sensible mère, elle est à nos côtés ;
   Avec nos cœurs le sien soupire.   *bis.*
Combien de fois sa prévoyante main
   De l'ennemi rompit la trame !
Nous la priions, et nous sentions soudain
   La paix descendre dans notre âme.

     Nous qu'en ces lieux, etc.

Battu des flots, vain jouet du trépas,
   La foudre grondant sur sa tête,
Le nautonnier se jette dans ses bras,
   L'invoque et voit fuir la tempête.   *bis.*
Tel le chrétien sur ce monde orageux,
   Vogue toujours près du naufrage :
Mais à Marie adresse-t-il ses vœux,
   Il aborde en paix au rivage.

     Nous qu'en ces lieux, etc.

Heureux celui qui, dès ses premiers ans,
   Se fit un bonheur de lui plaire !
Heureux ceux qu'elle adopta pour enfans !
   La reine des cieux est leur mère.   *bis.*
Oui, sa bonté se plaît à secourir
   Un cœur confiant qui la prie.
Siècles, parlez !..... Vit-on jamais périr
   Un vrai serviteur de Marie !

     Nous qu'en ces lieux, etc.

Vos fronts, pécheurs , pâlissent abattus
A l'aspect du souverain juge,
Ah ! si Marie est reine des vertus ;
Des pécheurs elle est le refuge.   *bis.*
Déposez donc en son sein maternel
Votre repentir et vos larmes.
Elle priera..... des mains de l'Eternel
Bientôt s'échapperont les armes.
Nous qu'en ces lieux , etc.
Si vous avez dans toute sa fraichenr
Conservé la tendre innocence,
Ah ! votre mère en a sauvé la fleur ;
Elle vous garda dès l'enfance.   *bis.*
A son autel, venez, enfans chéris,
Savourer de saintes délices.
Consacrez-lui vos cœurs et vos esprits ;
Elle en mérite les prémices.
Nous qu'en ces lieux , etc.
Temple divin, ô refuge béni,
Faut-il donc quitter ton enceinte !
Faut-il aller de ce monde ennemi
Braver la meurtrière atteinte !   *bis.*
Tendre Marie, ah ! nous allons périr ;
Le scandale inonde la terre !
Veillez sur nous, daignez nous secourir ;
Montrez-vous toujours notre mère.
Nous qu'en ces lieux combla de ses bienfaits
Une mère auguste et chérie ,
Enfans de Dieu , que nos chants à jamais
Exaltent le nom de Marie.   *bis.*

MARIE INVITE LES PÉCHEURS A RECOURIR A ELLE.

Air : *O Fontenai, etc.* N.º 12.

Reine des cieux ! ô divine Marie,
Qu'il nous est doux de chanter vos faveurs !
Heureux celui qui consacre sa vie
A vous bénir, à vous gagner des cœurs !   *bis.*

Que de bienfaits, que de grâces touchantes,
Vous répandez sur vos enfans chéris !
Tous sont aimés ; les âmes repentantes
Vous les nommez vos fidèles amis.   *bis.*

Juste, bénis ta bienfaisante mère,
Qui t'embellit de toutes les vertus,
Qui t'inspira le désir de lui plaire
Et te guida dans l'amour de Jésus !   *bis.*

Oui, tu dois tout à cet amour si tendre
Qui garantit et sauva ton berceau :
Marie a su, chaque jour, te le rendre
Comme un présent, comme un bienfait nou-
                veau.   *bis.*

Et toi pécheur, trop coupable victime,
Hélas ! souillé de mille égaremens !
Qui te retint sur le bord de l'abîme ?
Qui différa tes horribles tourmens ?

Ingrat, peux-tu long-temps la méconnaître ?
La main d'où part un bienfait aussi doux !
Marie osa de ton souverain maître,
Jusqu'à ce jour, suspendre le courroux.   *bis.*

Ah ! vois pour toi ses yeux baignés de larmes,
Et de son cœur compte chaque soupir ;

Sa voix touchante et si pleine de charmes
De ton retour exprime le désir.   *bis.*
   Vole en ses bras, elle est encor ta mère ;
Prête l'oreille à ses tristes accens :
  « Fils bien-aimé, de ta douleur amère
  « Viens dans mon sein calmer les mouvemens. *b.*
   « Tu m'as coûté tout le sang de mes veines,
  « Quand je devins mère de ton Sauveur,
  « J'ai tant souffert ! ah ! pour prix de mes peines!
  « Accorde-moi l'empire de ton cœur. »   *bis.*

RETOUR DU PÉCHEUR.

  Tendre Marie, à cette âme rebelle
Quand vous offrez une telle bonté,
Qui peut encore demeurer infidèle ?
Ah ! je reviens au Dieu que j'ai quitté.   *bis.*
   Il en est temps, aimable protectrice,
Ouvrez pour moi ce cœur si plein d'amour :
De votre Fils apaisez la justice ;
Je me consacre à Jésus sans retour.   *bis.*

POUR LA BÉNÉDICTION DU TRÈS-SAINT SACREMENT.

Air : *Aimable Croix.* N.º 13.

    Sur cet autel,
Ah ! que vois-je paraître ?
Jésus, mon Roi, mon divin Maître,
    Sur cet autel,
Sainte victime,
Vous expiez mon crime,
    Sur cet autel.
   O doux agneau !

L'amour vous sacrifie,
Et votre mort nous rend la vie,
    O doux agneau !
Que votre flamme
Immole aussi mon âme,
    O doux agneau !
    Embrasez-moi,
Embrasez tout le monde;
Qu'à vos beaux feux chacun réponde :
    Embrasez-moi,
Amour suprême,
Qu'à jamais je vous aime !
    Embrasez-moi.
    Bénissez-moi !
Dieu de miséricorde,
Souffrez qu'un pécheur vous aborde;
    Bénissez-moi :
Et quoiqu'indigne,
Par une grâce insigne,
    Bénissez-moi.
    De tout mon cœur,
Dans le sacré mystère
Je vous adore et vous révère,
    De tout mon cœur :
Bonté suprême,
Que toujours je vous aime
    De tout mon cœur !
    Tout est en feu
Sur ce trône de grâce :
Pourquoi, mon cœur, es-tu de glace ?
    Tout est en feu,
Divine flamme,

Brûlez, brûlez mon âme,
Tout est en feu.
Pardon, mon Dieu,
De nos fautes commises,
De tant d'excès dans vos églises ;
Pardon, mon Dieu,
De tant d'offenses,
De tant d'irrévérence,
Pardon, mon Dieu.

POUR LA RÉNOVATION DES VOEUX DU BAPTÊME.

Air de la marche des Gardes françaises. N.º 14.

UNE VOIX.

Quand l'eau sainte du baptême
Coula sur vos fronts naissans,
Et qu'un Dieu, la bonté même,
Vous adopta pour enfans,
Muets encore ;
D'autres promirent pour vous :
Aujourd'hui, confessez tous
La foi dont un chrétien s'honore.

TOUS LES ENFANS.

Foi de nos pères,
Notre règle et notre amour,
Nous embrassons dans ce jour
Et ta morale et tes mystères.
En vain à ma foi soumise
S'oppose un orgueil trompeur :
Sur les traces de l'Eglise

Puis-je marcher dans l'erreur ?
Trinité sainte,
Je te confesse et te crois ;
Et je t'adore trois fois,
Et plein d'amour et plein de crainte.
Foi de nos pères, etc.
Annoncé par mille oracles,
Et de la terre l'espoir,
L'homme-Dieu, par ses miracles,
Fait éclater son pouvoir.
Victime pure,
Il triomphe du trépas ;
Et je n'adorerais pas
En lui l'auteur de la nature !
Foi de nos pères, etc.
Que sa morale est divine !
Que sa parole a d'attrait !
Tous les cœurs qu'il illumine,
Il les console en secret.
Et l'on blasphême
Ce Dieu fait homme pour nous
Ingrats ! tombez à genoux.....
Voyez s'il mérite qu'on l'aime.
Foi de nos pères, etc.
Par un funeste héritage,
Nos parens avec le jour,
Nous transmirent en partage
La haine d'un Dieu d'amour.
J'implore et crie !
Dieu s'offense de mes pleurs.
Mais Jésus a dit : Je meurs ;
Et sa mort me rend à la vie.

Foi

Foi de nos pères, etc.

Ciel ! quelle robe éclatante !
Quel bain pur et bienfaisant !
Quelle parole puissante
D'un Dieu m'a rendu l'enfant ;
Je te baptise.....
Le ciel s'ouvre, plus d'enfer ;
Et des anges le concert
M'introduit au sein de l'Eglise.

Foi de nos pères, etc.

De quel œil de complaisance
Vous me vîtes, ô mon Dieu,
Quand, revêtu d'innocence,
On m'emporta du saint lieu !
Pensée amère !
O beau jour trop tôt passé !
Hélas ! je me suis lassé,
Mon Dieu, de vous avoir pour père.

Foi de nos pères, etc.

J'ai blessé votre tendresse,
Violé vos saintes lois :
Vous me rappelliez sans cesse,
Je repoussais votre voix.
Du moins mes larmes
Obtiendront-elles pardon ?
Seigneur, de votre maison
Je puis encore goûter les charmes.

Foi de nos pères, etc.

Loin de moi, monde profane ;
Fuis, ô plaisir séduisant :
L'Evangile vous condamne,
Vous blessez en caressant.

B

Sous votre empire,
Mon Dieu, sont les vrais trésors ;
Vos douceurs sont sans remords ,
C'est pour elles que je soupire.
Foi de nos pères, etc.
Loin de ces tentes coupables ;
Où s'agite le pécheur,
Sous vos pavillons aimables
J'irai jouir du bonheur ;
Avant l'aurore,
Mon cœur vous appellera,
Et quand le jour finira,
Mes chants vous béniront encore.
Foi de nos pères, etc.

MÊME SUJET.

Air connu. N.º 15.

J'ENGAGEAI ma promesse au baptême ;
Mais pour moi d'autres firent serment ;
Dans ce jour je vais parler moi-même,
Je m'engage aujourd'hui librement.
Je m'engage , etc.
Je crois donc un Dieu en trois personnes ;
De mon sang je signerais ma foi :
Faible esprit, vainement tu raisonnes ;
Je m'engage à le croire, et je croi.
Je m'engage, etc.
A la foi de ce premier mystère
Je joindrai la foi d'un Dieu sauveur ,
Sous les lois de l'Eglise, ma mère,
Je m'engage et d'esprit et de cœur.
Je m'engage, etc.

Sur les fonts, dans cette eau salutaire,
Pour enfant, Dieu daigna m'adopter ;
Si j'en ai souillé le caractère,
Je m'engage à le mieux respecter.

    Je m'engage, etc.

Je renonce aux pompes de ce monde,
A la chair, à tous ses vains attraits :
Loin de moi, Satan, esprit immonde,
Je m'engage à te fuir pour jamais.

    Je m'engage, etc.

Faux plaisirs, source infame de vices,
Trop long-temps vous fûtes mon amour ;
Je renonce à vos fausses délices,
Je m'engage à Dieu seul sans retour.

    Je m'engage, etc.

Oui, mon Dieu, votre seul Evangile
Réglera mon esprit et mes mœurs :
Dussiez-vous en gémir, chair fragile,
Je m'engage à toutes ses rigueurs.

    Je m'engage, etc.

Ah ! Seigneur, qui sait bien vous connaître,
Sent bientôt que votre joug est doux ;
C'en est fait, je n'ai point d'autre maître ;
Je m'engage à ne servir que vous.

    Je m'engage, etc.

Sur vos pas, ô mon divin modèle,
Plus heureux qu'à la suite des rois,
Plein d'horreur pour ce monde infidèle,
Je m'engage à porter votre croix.

    Je m'engage, etc.

Si le ciel, d'un moment de souffrance,
Doit, Seigneur, être le prix un jour,

Animé par cette récompense,
Je m'engage à tout pour votre amour.
    Je m'engage , etc.
    C'est, mon Dieu , dans vous seul que j'aspire
A fixer mes plaisirs et mes goûts.
Pour le ciel, c'est peu que je soupire,
Je m'engage à soupirer pour vous.
    Je m'engage, etc.
    Puisqu'enfin dans le ciel, ma patrie,
De mes biens vous serez le plus doux,
Dès ce jour, et pour toute ma vie,
Je m'engage et je suis tout à vous.
    Je m'engage , etc.

SUR LE CIEL.

Air : *L'encens des fleurs*. N.º 16.

Sainte Cité, demeure permanente,
Sacré palais qu'habite le grand Roi,
Où doit sans fin régner l'âme innocente,
Quoi de plus doux que de penser à toi !
    O ma patrie !
    O mon bonheur !
    Toute ma vie.
    Sois le vœu de mon cœur.   } bis.

Dans tes parvis tout n'est plus qu'alégresse,
C'est un torrent des plus chastes plaisirs ;
On ne ressent ni peine ni tristesse,
On ne connaît ni plainte ni soupirs.
    O ma patrie ! etc.
Tes habitans ne craignent plus d'orage;

Ils sont au port, ils y sont pour jamais ;
Un calme entier devient leur doux partage ;
Dieu dans leur cœur verse un fleuve de paix.
O ma patrie ! etc.

De quel éclat ce Dieu les environne ;
Ah ! je les vois tout brillant de clarté ;
Rien ne saurait y flétrir leur couronne ;
Leur vêtement est l'immortalité.
O ma patrie ! etc.

Pour les Elus il n'est point d'inconstance :
Tout est soumis au joug du saint amour ,
L'affreux péché n'a plus là de puissance :
Tout bénit Dieu dans cet heureux séjour.
O ma patrie ! etc.

Beauté divine , ô beauté ravissante !
Tu fais l'objet du suprême bonheur ;
Oh ! quand naîtra cette aurore brillante
Où nous pourrons contempler ta splendeur ?
O ma patrie ! etc.

Puisque Dieu seul est notre récompense ,
Qu'il soit aussi la fin de nos travaux ;
Dans cette vie un moment de souffrance
Mérite au ciel un éternel repos.
O ma patrie ! etc.

Air : *Oiseaux témoins.* N.º 17.

Que cette voûte retentisse
Des voix et des chants des mortels ;
Que tout ici s'anéantisse
Jésus paraît sur nos autels.

Quoique caché dans ce mystère,
Sous les apparences du pain,
C'est notre Dieu, c'est notre père;
C'est le Sauveur du genre humain.
O divin époux de nos âmes!
Dans cet auguste Sacrement,
Embrasez-nous tous de vos flammes,
En vous faisant notre aliment.

JÉSUS PARAÎT EN VAINQUEUR.

Air : *Un jour*, *etc.* N.º 18.

Dans ce profond mystère
Où l'on ne peut vous voir,
Tout en nous vous révère,
Vous faites notre espoir.
A la fin de la vie,
Divine Eucharistie,
Nourris du pain d'amour,
Dans la cité chérie,
Nous vous verrons (un jour, *bis.*)
Nous vous verrons (un jour, *bis.*)

Puisse notre tendresse
Puiser dans votre cœur
La sublime sagesse
Qui mène au vrai bonheur.
A la fin, etc.

Daignez sur nous répandre
Vos bénédictions;
Et faites-nous comprendre
La grandeur de vos dons.
A la fin, etc.

PRIÈRE DU PÉCHEUR PÉNITENT.

Air : *Triste raison, etc.* N.º 19.

De ce profond, de cet affreux abîme,
Où je me suis aveuglément jeté,
Le cœur brisé du regret de mon crime,
J'ose implorer, Seigneur, votre bonté.

Prêtez l'oreille à l'ardente prière,
Voyez les pleurs d'un enfant malheureux ;
Quoique pécheur, il voit en vous un père,
Pouvez-vous être insensible à ses vœux ?

Si vous voulez, sans user de clémence,
Compter, peser tous nos déréglemens,
Ah ! qui pourra, malgré son innocence,
Se rassurer contre vos jugemens ?

Mais vous aimez à vous rendre propice,
Et votre bras, toujours lent à punir,
Se plaît à voir désarmer sa justice :
Heureux celui qui sait la prévenir !

Cette bonté dans mes maux me console,
Et quoiqu'il plaise au Seigneur d'ordonner,
Je souffre en paix sur sa sainte parole :
Quand il nous frappe, il veut nous pardonner.

Ah ! qu'Israel en Dieu toujours espère,
Qu'il en réclame avec foi le secours,
Ce Dieu puissant, son défenseur, son père,
Dans ses dangers le protégea toujours.

Entre les bras de sa miséricorde,
Avec tendresse il reçoit les pécheurs ;

Et son amour au pardon qu'il accorde ;
Ajoute encore les plus grandes faveurs.

Peuple , autrefois l'objet de sa vengeance ,
Ne gémis plus sur ta captivité ;
Bientôt il va briser , dans sa clémence ,
Tous les liens de ton iniquité.

SENTIMENS DE CONTRITION D'UN ENFANT A LA
VEILLE DE LA PREMIÈRE COMMUNION.

Air Languedocien. N.º 20.

Hélas !
Quelle douleur
Remplit mon cœur !
Fait couler mes larmes
Hélas !
Quelle douleur
Remplit mon cœur
De crainte et d'horreur !
Autrefois ,
Seigneur sans alarmes ,
De tes lois
Je goûtai les charmes :
Hélas !
Vœux superflus ,
Beaux jours perdus ,
Vous ne serez plus !

La mort
Déjà me suit ;
O triste nuit !
Déjà je succombe.

La mort
Déjà me suit ;
Le monde fuit ,
Tout s'évanouit.
Je la vois ,
Entr'ouvrant ma tombe ,
Et sa voix
M'appelle et j'y tombe.
O mort !
Cruelle mort !
Si jeune encore !...
Quel funeste sort !....

Frémis ,
Ingrat pécheur ,
Un Dieu vengeur ,
D'un regard sévère ;
Frémis ,
Ingrat pécheur ,
Un Dieu vengeur
Va sonder ton cœur.
Malheureux !
Entends son tonnerre ;
Si tu peux ,
Soutiens sa colère.
Frémis ,
Seul aujourd'hui ,
Sans nul appui ,
Parais devant lui.

Grand Dieu !
Quel jour affreux

Luit à mes yeux !
Quel horrible abîme !
Grand Dieu !
Quel jour affreux
Luit à mes yeux !
Quels lugubres feux
Oui, l'enfer,
Vengeur de mon crime ;
Est ouvert,
Attend sa victime.
Grand Dieu !
Quel avenir !
Pleurer, gémir,
Toujours te haïr !

Beau ciel !
Je t'ai perdu ;
Je t'ai vendu
Par de vains caprices.
Beau ciel !
Je t'ai perdu ;
Je t'ai vendu ;
Regret superflu !
Loin de toi,
Toutes tes délices
Sont pour moi
De nouveaux supplices.
Beau ciel !
Toi que j'aimais,
Qui me charmais,
Ne te voir jamais !....

O vous,
Enfans pieux,
Toujours joyeux
Et pleins d'espérance !
O vous,
Enfans pieux,
Toujours joyeux,
Moi seul malheureux !
J'ai voulu
Sortir de l'enfance ;
J'ai perdu
L'aimable innocence.
O vous ;
Du ciel un jour
Heureuse cour !
Adieu sans retour.

Non, non,
C'est une erreur :
Dans mon malheur,
Hélas ! je m'oublie,
Non, non,
C'est une erreur :
Dans mon malheur,
Je trouve un sauveur.
Il m'entend,
Me réconcilie ;
Dans son sang
Je reprends la vie.
Non, non,
Je l'aime encor
Et le remord

A changé mon sort.

Jésus !
Manne des cieux,
Pain des heureux,
Mon cœur te réclame,
Jésus !
Manne des cieux :
Pain des heureux !
Viens combler mes vœux.
Désormais,
Ta divine flamme,
Pour jamais
Embrase mon âme.
Jésus !
O mon sauveur !
Fais de mon cœur
L'éternel bonheur.

SENTIMENS DE JOIE ET D'AMOUR APRÈS LA
SAINTE COMMUNION.

Air : *Voici l'heure, etc.* N.º 21.

J'AI mon âme toute de flamme,
J'ai mon sauveur
Au milieu de mon cœur :
Grâce, grâce, grâce à l'amour
Qui triomphe de mon cœur en ce jour.
Quel prodige !
Un Dieu m'oblige :
Tous ses bienfaits

Surpassent

Surpassent mes souhaits ;
Grâce, grâce, etc.
Puis-je dire,
Sans que j'expire :
J'ai dans mon sein
Mon Dieu, mon souverain ;
Grâce, grâce, etc.
Ciel et terre
Ah, quel mystère !
Le Saint des Saints
Se rabaisse à tel point :
Grâce, grâce, etc.
Grand Monarque,
Ah ! quelle marque
De vos faveurs
Pour de pauvres pécheurs !
Grâce, grâce, etc.
Vos servantes
Sont vos amantes ;
Ah, qu'il est doux
D'avoir un tel époux !
Grâce, grâce, etc.
Pour vous suivre,
Je ne veux vivre
Qu'un seul instant,
Pour dire en soupirant :
Grâce, grâce, etc.
Ah ! mon âme,
Meurs ou te pâme,
Si tu le peux,
Du moins chante en ces lieux :

Grâce, grâce, grâce à l'amour
Qui triomphe de mon cœur en ce jour.

ASPIRATIONS ENVERS JÉSUS-CHRIST AVANT LA COMMUNION.

Air : *Un inconnu pour vos charmes soupire.*
N.º 22.

Mon bien-aimé ne paraît pas encore :
Trop longue nuit, dureras-tu toujours ?
    Nuit que j'abhorre,
    Hâte ton cours ;
Rends-moi, Jésus, ma joie et mes amours :
Pour être heureux, je n'attends que l'aurore.
De ton flambeau déjà les étincelles,
Astre du jour, raniment mes désirs ;
    Tu renouvelles
    Tous mes soupirs.
Servez mes vœux, avancez mes plaisirs ;
Anges du ciel, portez-moi sur vos ailes.
Je t'aperçois, asile redoutable,
Où l'Éternel descend de sa grandeur,
    Temple adorable
    Du rédempteur ;
Si dans tes murs il voile sa splendeur,
Ce Dieu d'amour n'en est que plus aimable.
Sans nul éclat le vrai Dieu va paraître ;
De cet autel il vient s'unir à moi.
    Est-ce mon maître ?
    Est-ce mon roi ?
Laissez, mes yeux, laissez agir ma foi ;

Un œil chrétien ne peut le méconnaître.
     Du roi des rois je suis le tabernacle :
Oui, de mon âme un Dieu devient l'époux.
          Charmant spectacle,
          Espoir trop doux !
Rendez, grand Dieu, mon cœur digne de vous :
Votre amour seul peut faire ce miracle.
     Je m'attendris sans trouble et sans alarmes ;
Amour divin, je ressens vos langueurs,
          Heureuses larmes,
          Aimables pleurs !
O que mon cœur y trouve de douceurs !
Tous vos plaisirs, mondains, ont-ils ces charmes ?
     Tristes penchans, malheureux fruits du crime,
C'est vous qu'il veut que j'immole à son choix
          Ce Dieu m'anime
          Suivons ses lois.
Parlez, Seigneur, j'écoute votre voix ;
Mon cœur est prêt, nommez-lui la victime.
     Ce pain des forts soutiendra mon courage.
Venez, démons, de mon bonheur jaloux ;
          Que votre rage
          Vous arme tous :
Je ne crains point vos plus terribles coups ;
De ma victoire un Dieu devient le gage.
     Il me remplit d'une douce espérance,
Qui me suivra plus loin que le trépas,
          Si sa puissance
          Soutient mon bras.
C'est peu pour lui d'animer mes combats,
Il veut encore être ma récompense.

Pour un pécheur que sa tendresse est grande !
Qu'elle mérite un généreux retour !
Dieu ! quelle offrande
Pour tant d'amour !
Prenez mon cœur, je vous l'offre en ce jour :
Ce cœur suffit, c'est tout ce qu'il demande.

TRANSPORT D'UN ENFANT AU MOMENT DE FAIRE SA PREMIÈRE COMMUNION.

Air : *O Fontenay, etc.* N.º 23.

O Saint autel, qu'environnent les anges,
Qu'avec transport aujourd'hui je te vois !
Ici mon Dieu, l'objet de mes louanges,
M'offre son corps pour la première fois.   *bis.*

O mon sauveur, mon trésor et ma vie,
Epoux divin, dont mon cœur a fait choix,
Venez bientôt couronner mon envie,
Venez à moi pour la première fois.   *bis.*

O saint transport ! ô divine alégresse !
Déjà mon cœur s'unit au roi des rois ;
Il est à moi le Dieu de ma jeunesse,
Je suis à lui pour la première fois.   *bis.*

O chérubins, qui l'adorez sans cesse,
Ainsi que vous je l'adore et je crois ;
Mais devant lui soutenez ma faiblesse,
Et me guidez pour la première fois.   *bis.*

O jour heureux, jour céleste et propice ;
A vous bénir je consacre ma voix ;
Le Dieu vivant s'immole en sacrifice ;
Et me nourrit pour la première fois.   *bis.*

Embrasez-moi, Dieu d'amour et de gloire
Du feu sacré de vos plus saintes lois,
Et pour toujours gravez dans ma mémoire
Ce que je fais pour la première fois.   *bis.*

SUR LE MYSTÈRE DE L'EUCHARISTIE.
Air : *De l'Officier de fortune.* N.º 24.

Par les chants les plus magnifiques ;
Sion, célèbre ton Sauveur :
Exalte dans tes saints cantiques
Ton Dieu, ton chef et ton pasteur ;
Redouble aujourd'hui, pour lui plaire,
Tes transports, tes soins empressés ;
Jamais tu n'en pourras trop faire,
Tu n'en feras jamais assez.   *} bis.*

Ouvre ton cœur à l'alégresse ;
A tout le feu de tes transports ;
Lorsque son immense largesse,
T'ouvre elle-même ses trésors :
Près de consommer son ouvrage,
Il consacre son dernier jour.
A te laisser ce tendre gage
Qui mit le comble à son amour.   *} bis.*

Offert sur la table mystique,
L'agneau de la nouvelle loi
Termine enfin la Pâque antique
Qui figurait le nouveau roi ;
La vérité succède à l'ombre ;
La loi de crainte se détruit ;
La clarté chasse la nuit sombre,
Et la loi de grâce nous luit.   *} bis.*

Jésus de son amour extrême
Veut éterniser le bienfait ;
Ce que d'abord il fit lui-même,
Le prêtre à son ordre le fait ;
Il change, ô prodige admirable !
Qui n'est aperçu que des cieux,
Le pain en son corps adorable,   } bis.
Le vin en son sang précieux.

L'œil se méprend, l'esprit chancelle ;
Il cherche d'un Dieu la splendeur ;
Mais toujours ferme, un vrai fidèle
Sans hésiter voit son Seigneur ;
Son sang pour nous est un breuvage,
Sa chair devient notre aliment,
Les espèces sont le nuage   } bis.
Qui nous le couvre au sacrement.

On voit le juste et le coupable
S'approcher du banquet divin,
Se ranger à la même table ;
Prendre place au même festin ;
Chacun reçoit la même hostie ;
Mais qu'ils diffèrent dans leur sort !
Le juste tremble et boit la vie,   } bis.
L'impie affronte et boit la mort.

Ce fils, sous la main paternelle,
Près de se voir percer le flanc ;
Cette victime solennelle,
Dont l'Hébreu vit couler le sang ;
La manne au goût délicieuse,
Qui tous les jours tombait des cieux,
Sont la figure précieuse   } bis.
Du prodige offert à nos yeux.

Je te salue, ô pain de l'ange !
Aujourd'hui pain du voyageur,
Toi que j'adore et que je mange,
Ah ! viens dissiper ma langueur ;
Loin de toi l'impur, le profane,
Pain réservé pour les enfans ;
Mets des élus, céleste manne,
Objet seul digne de nos chants.   } bis.

Au secours de notre misère
Jésus se livre entièrement ;
Dans la crèche il est notre frère,
Et sur l'autel notre aliment ;
Quand il mourut sur le calvaire,
Il fut la rançon du pécheur ;
Triomphant dans son sanctuaire,
Il est du juste le bonheur.   } bis.

Honneur, amour, louange et gloire
Te soient rendus, ô bon pasteur !
Vis à jamais dans ma mémoire,
Sois toujours gravé dans mon cœur.
O pain des forts, par ta puissance
Soulage mon infirmité ;
Fais qu'engraissé de ta substance,
Je règne dans l'éternité.   } bis.

INVOCATION A L'ESPRIT-SAINT.

Air ancien. N.º 25.

Esprit saint, comblez nos vœux,
Embrasez nos âmes
Des plus vives flammes ;

Esprit saint, comblez nos vœux,
   Embrasez nos âmes
   De vos plus doux feux.   *Esprit*, etc.

Seul auteur de tous les dons,
De vous seul nous attendons
   Tout notre secours,
   Dans ces saints jours.   *Esprit*, etc.

Sans vous, en vain du don des cieux
Les rayons précieux
   Brillent à nos yeux;
   Sans vous, notre cœur
   N'est que froideur.   *Esprit*, etc.

Voyez notre aveuglement,
Nos maux, notre égarement;
   Rendez-nous à vous,
   Et changez-nous.   *Esprit*, etc.

Sur nos esprits, Dieu de bonté,
   Répandez la clarté
   Et la vérité;
   Préparez nos cœurs
   A vos faveurs.   *Esprit*, etc.

Donnez-nous ces purs désirs,
Ces pleurs saints, ces vrais soupirs,
   Qui des grands pécheurs,
   Changent les cœurs.   *Esprit*, etc.

Donnez-nous la docilité,
   Le don de pureté
   Et de piété,
   L'esprit de candeur
   Et de douceur.   *Esprit*, etc.

Etouffez notre tiédeur,
Réchauffez notre ferveur,
   Rassurez nos pas
   Dans nos combats.   Esprit, etc.
  Sanctifiez nos jours naissans,
Et nos jours florissans,
   Et nos derniers ans;
   Que tous nos instans
   Soient innocens.   Esprit, etc.

SUR LE TRIOMPHE DE LA RELIGION.
Air du chant du départ. N.º 26.

Pourquoi ces vains complots, ô Princes de la
  terre ?
  Pourquoi tant d'armemens divers ?
Vous vous réunissez pour déclarer la guerre
   A l'arbitre de l'univers.
   Tremblez, ennemis de sa gloire,
   Tremblez, audacieux mortels ;
   Il tient en ses mains la victoire,
   Tombez aux pieds de ses autels.

La religion vous rappelle,
Sachez vaincre, sachez périr :
Un chrétien doit vivre pour elle,   } *bis.*
Pour elle un chrétien doit mourir.

LE CHOEUR.

La religion nous rappelle,
Sachons vaincre, sachons périr,
Un Chrétien doit vivre pour elle,   } *bis.*
Pour elle un Chrétien doit mourir.

Long-temps, ah! trop long-temps plongé dans
    les ténèbres,
    Assis à l'ombre de la mort,
L'univers, gémissant sous ces voiles funèbres,
    Soupirait pour un meilleur sort.
    Jésus paraît à sa lumière.
    La nuit disparaît sans retour,
    Comme une ombre légère
    S'enfuit devant l'astre du jour.
    La Religion, etc.

Pour soumettre à ses lois tous les peuples du monde,
    Il ne veut que douze pêcheurs,
Et pour éterniser le royaume qu'il fonde,
    Il en fait ses embassadeurs.
    Nouveaux guerriers, prenez la foudre,
    Allez conquérir l'univers,
    Frappez, brisez, mettez en poudre
    L'Idole d'un monde pervers.
    La religion, etc.

Déjà de ces hérauts, du couchant à l'aurore,
    La voix, plus prompte que l'éclair,
A foudroyé ces dieux que l'univers honore
    D'un culte enfanté par l'enfer.
    Ouvrant les yeux à la lumière,
    Rome détrompe les mortels,
    Et foule aux pieds dans la poussière
    Ses dieux, ses temples, ses autels.
    La religion, etc.

En vain, ô fiers tyrans! votre main meurtrière
    Fait couler le sang à grands flots;

Ce sang devient fécond , de leur noble poussière
    S'élève un essaim de héros ,
    Et courbant eux-mêmes leurs têtes ,
    Seigneur , sous le joug de tes lois ,
    Après trois siècles de tempêtes ,
    Les Princes arborent la croix.
    La religion , etc.

O Reine des cités, toi dont la destinée
    Est de régner sur l'univers ,
De ce joug si nouveau si tu fus étonnée ,
    Tu t'enorgueillis de tes fers ;
    La religion triomphante
    Sur le trône de tes Césars ,
    Veut que les peuples qu'elle enfante
    Combattent sous ses étendards.
    La religion , etc.

Que vois-je, ô Dieu ! partout le schisme et l'hérésie
    Déchirent son sein maternel ;
Laisseras-tu périr sous les coups de l'impie
    L'objet de ton soin paternel ?
    Non , toujours battu de l'orage ,
    Ce vaisseau vogue en sûreté ,
    Jamais il ne fera naufrage ;
    Tu l'as dit, Dieu de vérité.
    La religion , etc.

Eglise de Jésus, doux charme de ma vie ,
    Et mon espoir dès le berceau ;
Sainte religion , si jamais je t'oublie ,
    Si tu ne me suis au tombeau ,
    Que jamais ma langue glacée

Ne prête de sons à ma voix,
Et que ma droite desséchée
Me punisse et venge tes droits.
La religion, etc.

ENGAGEMENS D'ÊTRE A DIEU POUR TOUJOURS.

Air : *Jadis un célèbre Empereur.* N.º 27.

MON cœur, en ce jour solennel,
Il faut enfin choisir un maître ;
Balancer serait criminel,
Quand Dieu seul est digne de l'être.
C'en est donc fait, ô Dieu sauveur !　　 } bis.
A vous seul je donne mon cœur.

    A qui doit-il appartenir,
Ce cœur qui vous doit l'existence,
Que vous avez daigné nourrir
De votre immortelle substance ?　　 C'en est, etc.

    A chercher la félicité,
Hélas ! en vain je me consume ;
Loin de vous tout est vanité,
Déplaisir, tristesse, amertume.　　 C'en est, etc.

    Vous seul pouvez me rendre heureux ;
Je le sens, oui, votre présence
A pleinement comblé mes vœux,
Et fixé ma longue inconstance.　　 C'en est, etc.

    Que sont tous les biens d'ici-bas ?
Qu'ils ont peu de valeur réelle,
Tous ensemble ils ne peuvent pas
Satisfaire une âme immortelle.　　 C'en est, etc.

Que puis-je désirer de plus ?
Je possède mon Dieu lui-même.
Ah ! tous les biens sont superflus,
Quand on jouit du bien suprême.   C'en est, etc.

En vain, trop séduisans plaisirs,
Vous faites briller tous vos charmes,
Vous trompez toujours nos désirs,
Et vous finissez par des larmes.   C'en est, etc.

Dans votre festin précieux,
Quelle innocente et douce ivresse !
O quel plaisir délicieux
Me fait goûter votre tendresse !   C'en est, etc.

Le monde prétend à tout prix
Qu'à suivre ses lois je m'engage :
Tu n'obtiendras que mon mépris,
Monde aussi trompeur que volage.   C'en est, etc.

Vous m'avez dit avec douceur :
Mon enfant, prends mon joug aimable ;
Quand on le porte avec ardeur,
Il est léger, doux, agréable.   C'en est, etc.

Qu'ils sont étonnans vos bienfaits !
Leur grandeur fait mon impuissance ;
Et comment pourrai-je jamais
Acquitter ma reconnaissance ?   C'en est, etc.

Vous voulez bien me demander,
De mon cœur la chétive offrande :
Hésiterais-je d'accorder
Ce que le tout-puissant demande ?   C'en est, etc.

Oui, ce cœur vous est consacré,
Je veux que toujours il vous aime :
J'en atteste le don sacré
Qu'il tient de votre amour extrême. C'en est, etc.

PRIERE

Pour demander la grâce d'une bonne Communion.

SEIGNEUR, aujourd'hui que je parais pour la première fois aux pieds de vos redoutables tabernacles ; aujourd'hui que je me présente pour la première fois à votre table, inspirez-moi la plus grande horreur d'une communion indigne... Retracez à mon esprit toute l'indignité du crime de Judas. Les Anges plus purs que le soleil, ne s'estiment pas dignes de vous regarder, de vous louer et de vous adorer ; et vous me permettez, non-seulement de vous aimer et de vous bénir, mais dans un instant vous allez descendre au fond de mon cœur ! O mon Dieu, combien suis-je indigne d'une si grande grâce !

O Père de Jésus, anéantissez en moi tout ce qui peut déplaire à votre Fils, et préparez vous-même mon cœur à le recevoir. O Saint-Esprit, venez, descendez du ciel pour éclairer mon âme sur ses intérêts. C'est à votre divin flambeau que je puis entrevoir combien il est affreux de recevoir mon Dieu en état de péché mortel. O mère de mon Rédempteur, permettriez-vous que j'approchasse indignement de cet autel où votre Fils bien-aimé attend que j'aille lui rendre mes hommages ? Obtenez-moi donc, Vierge sainte, la pureté, la sainteté nécessaire pour faire une bonne communion. O Saints Anges, et vous tous immortels habitans les cieux, Saints et Saintes, priez Jésus qu'il prépare lui-même mon âme à le recevoir dignement, et que la communion que je vais faire me soit un gage assuré de l'immortalité bienheureuse. Ainsi soit-il.

PRIÈRE AU PÈRE ÉTERNEL.

AVANT LA COMMUNION.

PÈRE Eternel, mon Dieu, mon Seigneur et mon tout, je viens me présenter devant votre majesté souveraine pour faire l'aveu de mon néant et de mon indignité. Sans votre protection, Père des miséricordes, oserai-je approcher de la table mystérieuse, où votre Fils est sur le point de se donner à moi en nourriture. Je suis né pécheur, et depuis mon baptême, j'ai foulé aux pieds vos divins commandemens. Il est vrai, je me suis approché du tribunal de la pénitence; mais, ai-je mérité le pardon de mes fautes? suppléez donc, en ce moment, ô majesté incompréhensible, suppléez à ce qui manque à mes dispositions. Au nom des mérites de votre Fils Jésus-Christ, au nom de son sang précieux, accordez-moi la grâce d'une bonne Communion. Ainsi soit-il.

PRIÈRE A LA SAINTE VIERGE.

AVANT LA COMMUNION.

VIERGE Sainte, sur le point de m'approcher de votre Fils bien-aimé, je me prosterne à vos pieds pour solliciter de vous la grâce d'une bonne Communion. Je sais que je me suis rendu mille et mille fois indigne d'un si grand bienfait ; mais ô Reine des Anges, tout misérable pécheur que je suis, malgré mon indignité, je m'adresse à vous, à vous, qui obtenez de Dieu tout ce que vous lui demandez. Ah ! obtenez-moi donc la grâce d'une bonne Communion. Je ne vous demande point les biens de la terre, ni les honneurs, ni les richesses : je vous demande ce que votre cœur désire le plus, je vous demande le bonheur de recevoir votre Fils en état de grâce. Priez, priez, ô Vierge sainte, et ne cessez de prier que vous ne me voyiez capable de lui donner entrée dans mon cœur, pour l'aimer aujourd'hui, toute ma vie, et à jamais dans les cieux. Ainsi soit-il.

PRIÈRE A SON ANGE GARDIEN.

AVANT LA COMMUNION.

O Vous, mon cher bienfaiteur, Ange tutélaire, qui daignez accompagner tous mes pas dans cette vallée de larmes, voici le moment où j'ai le plus besoin de vos lumières et de votre secours. Ah ! si je suis seul, abandonné à moi-même, comment entrer à la cour du Roi des Rois qui va descendre sur cet Autel ? Venez donc, venez me protéger à l'ombre de vos ailes : aidez-moi de vos conseils, obtenez-moi toutes les dispositions nécessaires pour que cette communion soit la meilleure de ma vie. Priez la mère de mon Jésus et tous les Saints du Paradis, de préparer mon cœur et mon âme.

O mon bon Ange ! exaucez ma prière, et ma reconnaissance sera éternelle. Ainsi soit-il.

ACTE D'OFFRANDE.

Mon Dieu, mon bien-aimé, qui allez vous offrir à moi dans ce sacrement adorable, je viens aussi m'offrir à vous sans retour. Daignez recevoir mon cœur et toutes ses affections, mon âme et toutes ses puissances, mon corps et tous ses sens. Je vous offre mes biens et tout ce qui est en mon pouvoir. Disposez, Dieu puissant, de mes travaux, de mes forces, de ma santé, de ma vie. Vous allez vous donner tout à moi, je veux me donner tout à vous, et pour le temps et pour l'éternité. Ainsi soit-il.

ACTE DE FOI.

Puissant maître du ciel et de la terre, Sauveur des hommes, vous venez à moi, et je vais avoir le bonheur de vous recevoir ! qui pourrait croire un semblable prodige : si vous ne l'aviez dit vous-même ? Oui, Seigneur, je crois que c'est vous que je vais recevoir dans le sacrement auguste de l'Eucharistie ; vous-même qui êtes né dans l'étable de Bethléem, qui avez souffert les tourmens les plus inouis : vous-même qui avez été attaché à une infâme croix, et dont le sang a coulé jusqu'à la dernière goutte pour racheter les péchés ; je le crois, Seigneur, et je suis prêt à souffrir mille morts plutôt que de démentir cette vérité.

ACTE DE CONTRITION.

Vous venez à moi, Dieu de bonté et de miséricorde.... Hélas ! mes péchés devraient bien plutôt vous en éloigner ; mais je les désavoue en votre présence, ô mon Dieu ; sensible au déplaisir qu'ils vous ont causé, touché de votre infinie miséricorde, résolu sincèrement de ne les plus commettre, je les déteste de tout mon cœur, et vous en demande très-humblement pardon : pardonnez-les-moi, mon père, mon aimable père : puisque vous m'aimez encore, jusqu'à permettre que je m'approche de vous, pardonnez-les-moi, je suis déjà lavé, comme je l'espère par le sacrement de pénitence, mais lavez-moi Seigneur, encore davantage; purifiez-moi des moindres souillures : créez en moi un cœur nouveau : renouvelez au fond de mon cœur cet esprit d'innocence qui me mette en état de vous recevoir dignement.

ACTE D'HUMILITÉ.

Vous voyez à vos pieds, Seigneur, le plus indigne de vos serviteurs. Ah ! je tremble, mes pensées se confondent , quand je pense à vous recevoir dans mon cœur, tandis que les plus purs Chérubins n'osent envisager votre face et se cachent de leurs ailes. Cependant ils sont brillans de gloire et de sainteté, au lieu que je suis le plus grand des pécheurs. Au reste, Dieu de clémence et de miséricorde, si je ne suis pas encore digne que vous entriez dans mon cœur, abaissez les yeux sur moi qui ne suis devant vous que cendre et poussière ; parlez, et mon âme va devenir plus blanche que la neige. Touchez, attendrissez, enflammez mon cœur. O mon Maître ! ô mon Roi ! ô mon Rédempteur , ayez pitié de mon néant....

ACTE DE CONFIANCE.

Je me présente à vous, ô mon Dieu, avec toute la confiance que m'inspirent votre puissance infinie et votre bonté. Vous connaissez tous mes besoins, vous pouvez les soulager ; vous le voulez, vous m'invitez d'aller à vous, vous promettez de me secourir : hé bien ! mon divin maître, mon tendre père, j'obéis à vos ordres : je vais approcher de vos autels ; je vais me présenter à vous avec toutes mes faiblesses, mon aveuglement et mes misères ; j'ai la douce confiance que vous me fortifierez, que vous m'éclairerez, que vous me soulagerez et que vous changerez mon cœur. Je l'espère, sans crainte d'être trompé dans mon espérance ; car n'êtes-vous pas, ô mon Dieu, le maître de mon cœur, et quand mon cœur peut-il être plus en votre disposition, que lorsque vous y aurez fait votre entrée ?....

ACTE DE DÉSIR.

O venez le bien-aimé de mon cœur; venez Agneau de Dieu, chair adorable, sang précieux de mon Sauveur, servir de nourriture à mon âme. Que je vous voie, ô le Dieu de mon cœur, ma joie, mes délices, mon amour, mon Dieu, mon tout. Qui me donnera les ailes de la colombe pour voler à vous? Mon âme éloignée de vous, impatiente d'être remplie de vous, languit sans vous, vous souhaite avec ardeur et soupire après vous comme le cerf altéré soupire après les eaux d'une claire fontaine.: ô mon Dieu, mon unique bien, ma consolation, ma douceur, mon trésor, mon bonheur et ma vie ! Venez donc aimable Jésus.... mon cœur est prêt, et s'il ne l'était pas, d'un seul de vos regards, vous pouvez le préparer, l'attendrir et l'enflammer. Venez, Seigneur Jésus, Venez !.....

ACTES APRÈS LA COMMUNION.

ACTE D'ADORATION.

ADORABLE majesté de mon Dieu, devant qui tout ce qu'il y a de plus grand dans le ciel et sur la terre se reconnait indigne de paraître, que puis-je faire ici en votre présence, si ce n'est de me taire et de vous honorer dans le plus profond anéantissement de mon âme.

Je vous adore, ô Dieu saint; je rends mes

justes, hommages à cette grandeur suprême, devant laquelle tout genou fléchit ; en comparaison de laquelle toute-puissance n'est que faiblesse, toute prospérité que misère ; et les plus éclatantes lumières que ténèbres épaisses.

A vous seul, grand Dieu, roi des siècles, Dieu immortel, à vous seul appartient tout honneur et toute gloire.

Gloire, honneur, salut et bénédiction à celui qui vient au nom du Seigneur..... Béni soit le Fils du Très-Haut qui daigne s'unir aujourd'hui si intérieurement à moi et prendre possession de mon cœur !!!

ACTE DE BON PROPOS.

Rempli de vos grâces et de vos bienfaits, ô le meilleur de tous les pères, je viens aux pieds de cet Autel me proposer de ne plus retomber dans l'oubli de vos commandemens. Ainsi donc, ô mon Dieu, plus de pensées, de désirs, de paroles ou d'actions qui soient contraires à la pudeur ou à la charité ; plus d'impatience, de juremens, de mensonges ; plus de querelles, de médisances, d'omissions dans mes devoirs ni d'indifférence dans votre service ; plus de haine pour mon prochain. Plutôt mourir mille fois, ô mon Dieu, que de vous déplaire désormais. Je vous possède au milieu de mon cœur, divin Jésus ; hâtez-vous donc de confirmer mes résolutions, mettez-y pour cachet le sang même qui fut versé pour moi ; après cela pourrai-je les enfreindre ?

CONSÉCRATION DE SOI-MÊME A JÉSUS-CHRIST.

Dieu d'amour, Sauveur des hommes, vous vous êtes donné tout à moi, je veux me donner tout à vous. C'est dans toute l'étendue de mon cœur que je vous consacre ma liberté toute entière ; je vous offre mon entendement et toutes ses pensées, ma mémoire, mon cœur et toutes ses affections. C'est de votre main bienfaisante que je tiens tout ce que j'ai ; c'est entre vos mains que j'en remets le dépôt, pour en disposer selon votre volonté souveraine. Accordez-moi votre amour et votre sainte grâce ; avec ces biens je possède tous les trésors, et il n'est plus rien que je puisse désirer et vous demander en ce monde.

SENTIMENS D'AMOUR APRÈS LA COMMUNION.

Il est vrai, Seigneur, vous êtes venu me visiter sous les voiles de l'Eucharistie ; mais quand vous posséderai-je sans partage, dans les splendeurs de votre gloire ? Quand me réunirez-vous à vous pour toujours ? Du moins, tant que j'habiterai ce lieu d'exil, cette vallée de larmes, conservez mon cœur dans votre grâce et dans votre amour. Tant que je vivrai, que mon esprit adore vos grandeurs infinies ; que mon cœur aime vos beautés ineffables ; que ma langue publie vos bienfaits sans nombre ; que toutes les puissances de mon âme publient vos miséricordes ; que tous les jours, tous les momens de ma vie se passent dans l'attente de vous aimer éternellement dans les cieux.

ACTE DE DEMANDE.

A présent que vous régnez au milieu de mon cœur, divin Jésus, je puis solliciter de vous les grâces dont j'ai besoin. Ah ! pourriez-vous, Seigneur, fermer les oreilles aux prières de votre serviteur ? N'avez-vous pas dit, vous-même : Demandez et il vous sera accordé ; frappez et il vous sera ouvert ? Je viens donc aujourd'hui, en ce moment frapper à la porte de votre cœur, pour solliciter les faveurs qui me sont nécessaires. Je demande la grâce de persévérer dans le bien, et de ne jamais retomber dans les fautes dont je me suis rendu coupable. Ah ! chaste époux de mon âme, ne m'abandonnez plus ! Je demande la paix de l'Eglise et l'union entre les Princes chrétiens. Je demande la conversion des hérétiques et des infidèles. Je demande votre sainte bénédiction pour mes parens, mes amis. Je demande la délivrance des âmes du Purgatoire, et principalement de ceux qui me sont attachés par les liens du sang et de l'amitié ; accordez-leur un lieu de rafraîchissement, de lumière et de paix. Je vous demande, enfin, la grâce d'une bonne mort et la récompense éternelle des états.

ACTE D'AMOUR.

Oui, je vous aime, ô les délices de mon âme ! et comment pourrai-je ne pas vous aimer, après tout ce que vous avez fait pour moi ? ô miséricorde, ô clémence, ô bonté de mon Dieu ! ô mon cœur, brûle, consume-toi d'amour pour Jésus. Immortels Chérubins, vous tous qui composez la cour du bien-aimé de mon cœur, Mère adorable du Sauveur des hommes, Saints et Saintes du ciel et de la terre, donnez-moi tout votre amour pour aimer mon aimable Jésus. Non, non, je ne démentirai jamais les protestations que je fais en ce moment. Je le déclare publiquement, je le promets, je le jure à la face de ces autels, je veux aimer Jésus aujourd'hui, je veux l'aimer demain, je veux l'aimer toute ma vie, je veux l'aimer dans l'éternité bienheureuse !!!

Acte de Remercîment.

O Dieu de bonté ! que puis-je faire pour vous témoigner ma reconnaissance ? la vivacité de mes sentimens, égalera-t-elle jamais la grandeur de vos bienfaits ? j'étais pécheur, j'étais l'esclave du démon, et vous venez de vous unir à moi dans votre sacrement adorable ! ô bonté sans égale ! ô clémence infinie ! ô amour ineffable ! Jésus, mon doux Jésus, mon maître, mon roi, mon rédempteur, mon Dieu, mon tout, je me prosterne aux pieds de votre majesté adorable pour vous offrir mes remercîmens. Recevez, recevez, en ce moment la sincère expression de ma reconnaissance. Oui, je jure au pied même de cet autel, de ne jamais oublier les grâces dont vous m'avez comblé aujourd'hui. O mon âme ! dans ton impuissance, que peux-tu rendre au Seigneur pour tous les bienfaits dont il t'a remplie ! je

m'adresse

m'adresse à vous, glorieux habitans de la cour
céleste, immortels Chérubins, Anges du Très-
Haut, vous tous qui régnez dans les cieux, re-
merciez Dieu pour moi. Par vos chants d'alégresse, par vos concerts harmonieux, louez, bénissez à jamais l'auteur de ma joie et de mon
bonheur.

VOEUX DU BAPTÊME,

POUR LES GARÇONS.

OUI, c'est en ce lieu même, c'est sur ces Fonts
sacrés que je suis devenu enfant du Très-Haut,
membre de Jésus-Christ, héritier de la gloire
éternelle ; c'est dans ces eaux salutaires, que j'ai
puisé la vie de la grâce que j'avais perdue par
la désobéissance de mes premiers parens ; mais,
hélas ! à peine au sortir du berceau, n'ai-je pas
perdu la robe de mon innocence..... Jours for-
tunés, pourquoi m'avez-vous échappé si rapi-
dement ? faut-il que j'aie payé d'ingratitude le
plus doux, le plus miséricordieux, le plus indulgent, le meilleur, le plus bienfaisant de tous
les pères.

Aujourd'hui, Seigneur, par un prodige de
votre amour pour moi, vous m'avez admis à
manger le pain de vie ; mon cœur est tout plein
de vous ; ce cœur qui vous a tant de fois offensé,
ce cœur qui vous a méconnu ; mais vous vouliez
me gagner à vous, vous avez eu pitié de mon

inexpérience, et de ma jeunesse qui s'enfonçait dans l'abyme, vous avez parlé, Seigneur, et votre Ange est venu me tendre la main, et me mettre à l'ombre de ses ailes.

Gloire, honneur, reconnaissance éternelle vous en soit rendue : je sais, mon Dieu, je sais que je ne puis jamais assez reconnaître un si grand bienfait; mais que mon désir supplée à mon impuissance. Je vais en ce moment, mon Sauveur et mon Dieu, faire ma profession de foi..... Je viens sur les bords de cette fontaine salutaire, faire les mêmes promesses que l'on fit pour moi autrefois. Que ma voix n'est-elle assez forte pour se faire entendre partout l'univers..... Non, non, je n'ai plus honte de confesser le père qui m'a créé, Jésus-Christ qui m'a racheté, le St-Esprit qui m'a sanctifié.

Aimable Mère de mon Jésus, Vierge incomparable, Ange du Très-Haut, immortels Chérubins, vous tous enfin qui régnez dans les cieux, Saints et Saintes du Paradis, Autels mystérieux où mon Dieu s'immole tous les jours pour moi, Fonts, augustes témoins de ma première réconciliation avec le Seigneur; vous mes amis, vous mes parens, entendez les paroles que je vais répéter.

Vous aussi, chers compagnons et compagnes, unissez vos voix à la mienne, pour faire retentir cette enceinte de nos sermens et de nos vœux.

Je jure une haine éternelle au démon, je jure une haine éternelle aux pompes et aux vanités du monde; je jure une haine éternelle aux passions contraires à mon innocence; je jure une haine éternelle à l'impiété, à l'irréligion; je veux m'attacher à Jésus-Christ; je veux suivre sa morale, je veux mettre mon bonheur et ma consolation à pratiquer tout ce que m'enseigne la religion de Jésus-Christ, la seule véritable, la seule digne de mes hommages.

Telles sont les promesses, les sermens que je réitère aujourd'hui, je suis prêt de les sceller de mon sang, et de donner ma vie plutôt que d'y être infidèle. Ainsi soit-il.

VOEUX DU BAPTÊME,

POUR LES FILLES.

La voici donc cette Fontaine de grâces où après avoir été lavée du péché originel, je reçus la robe d'innocence des mains du ministre des autels ! Voici donc l'endroit où j'eus le bonheur d'être délivrée de la tyrannie du démon. Oui, c'est-là même que furent brisées les chaînes de mon esclavage. C'est ici que je fus enrôlée pour la première fois sous les étendards de Jésus-Christ, et que j'acquis un droit certain à l'héritage céleste.... Mais, hélas ! que ne puis-je jeter un voile impénétrable sur ces jours qui ont suivi le jour heureux de mon baptême.... Je n'ai joui que d'un instant d'innocence.... bientôt je suis retombée coupable. Que sont devenues ces promesses faites à mon Sauveur; que sont devenues ces protestations, que sont devenus ces sermens de vivre à jamais fille de J. C., de m'attacher à lui, de lui consacrer mes pensées, mes paroles, mes actions.... Ah !qu'il m'est pénible, lorsque je jette les yeux sur ma vie passée, de n'y rencontrer que des infidélités à la loi de mon Rédempteur !

Mais, ô mon Jésus, ne m'est-il pas inutile de rappeler en ce moment les fautes dont j'ai pu me rendre coupable ? ne m'avez-vous pas pardonné ? Ce matin, n'ai-je pas eu le bonheur ineffable d'être admise à manger le pain de vie, la manne des élus ? Oui, mon doux Jésus, vous avez daigné vous donner à moi ; vous avez visité vos enfans.... Pour la première fois, j'ai été nourrie de votre corps et abreuvée de votre sang.... Je vous ai donc au milieu de mon cœur ; j'ai donc la vie en moi ; j'ai donc retrouvé la robe nuptiale, la robe d'innocence que j'avais perdue.

Gloire immortelle vous en soit rendue, ô Dieu de bonté ! puis-je, maintenant, mettre des bornes à ma reconnaissance, puisque vous n'en mettez pas à vos miséricordes.

Je veux donc, mon Sauveur et mon Dieu, terminer cette belle Journée par un témoignage public de mon attachement et de mon dévouement à votre personne adorable. La main étendue sur cette Fontaine de ma régénération, je veux en ce moment renouveler les vœux de mon baptême. Je vais parler moi-même ; non, non, je ne veux plus confier à d'autres le soin de me consacrer à Dieu. Toutefois, je remercie publiquement mes parrain et marraine de l'engagement qu'ils contractèrent à mon égard.

Adorable Trinité ; temple auguste, asile du Tout-puissant ; saints Autels ; Fonts sacrés ; Ministres du Seigneur ; vous à qui je dois le bienfait de ma naissance, Parens chéris ; peuple Chrétien ; vous tous qui m'environnez, je vous prends à témoin des vœux que je vais renouveler. Que ne puis-je, en traits de flamme, les graver à jamais dans mon cœur.

Je renonce à Satan, à ses pompes, à ses œuvres ; je veux vivre selon les maximes de l'Evangile, m'attacher à suivre inviolablement les commandemens de Dieu et ceux de l'Eglise Catholique, Apostolique et Romaine : enfin, je veux en toutes choses, écouter pour maître Jésus-Christ ; je ne veux aimer que Jésus-Christ ; je ne veux mourir que pour Jésus-Christ ; je ne veux régner qu'avec Jésus-Christ. Ainsi soit-il.

PRIÈRE A JÉSUS,

Pour ses Parens et ses bienfaiteurs au retour des Fonts.

Sous le Crucifix.

AIMABLE Sauveur des hommes, vous voyez aux pieds de votre croix le plus humble de vos serviteurs. Je sais, je suis convaincu que vous êtes abondant en miséricordes, et que la source de vos bienfaits est intarissable. Hélas ! puis-je apprécier les grâces et les faveurs que vous avez répandues sur nous aujourd'hui : courage, fermeté dans les dangers, patience dans nos maux, humanité, charité pour nos semblables, haine au péché, amour, tendresse pour vous, mon Jésus ; tout cela nous a été inspiré, aux pieds de cet autel, dans la communion que nous avons faite ce matin.

Mais, Seigneur, ne vous fatiguez pas si je me présente encore à vos pieds avec une nouvelle demande. Cette démarche m'est dictée par la reconnaissance. Sans doute, ô mon Dieu, vous êtes le premier et le plus grand de nos Bienfaiteurs, puisque vous avez porté la charité jusqu'à nous donner votre corps, votre sang, votre âme, votre divinité toute entière.

Mais, hélas ! si des parens chrétiens ne nous eussent appris à vous connaître ; si nos maîtres ne nous eussent conduits vers vous ; si des Pasteurs charitables ne nous eussent enseigné votre loi ; comme tant d'autres nous eussions ignoré votre nom, ou comme un plus grand nombre, nous eussions pris la route qui conduit à la mort. Rendez-leur donc, ô divin Jésus ! tout le bien qu'ils nous ont fait. Comblez de vos bénédictions les plus abondantes ceux à qui nous devons la vie dans l'ordre de la nature et dans celui de la grâce.

Bénissez nos parens et nos amis, regardez d'un œil de miséricorde ceux d'entr'eux qui nous ont précédés avec le signe de la foi, et qui dorment maintenant dans la poussière du tombeau.

Du haut de cette croix où vous a attaché votre

amour pour moi, daignez, Seigneur Jésus, daignez abaisser vos regards sur ceux qui n'ont cessé de lever leurs mains sur votre trône pour nous obtenir une sainte communion.... Encore cette grâce, ô mon Dieu, et je serai content; encore cette grâce pour couronner le plus beau, le plus heureux jour de ma vie.

O vous, qui êtes la Mère de mon Jésus, Vierge sainte dont j'aperçois ici l'image, prenez ma cause entre vos mains; votre Fils bien-aimé peut-il vous refuser quelque chose ? Parlez-lui de moi; parlez-lui de mes compagnons et compagnes, et nous sommes sûrs d'obtenir notre demande.... Après cette faveur de votre part, divine et auguste Marie, gloire, honneur, louange, amour, reconnaissance éternelle vous soit rendue, ainsi qu'à Jésus-Christ, dans tous les siècles des siècles. Ainsi soit-il.

ACTE DE CONSÉCRATION,

A LA SAINTE VIERGE.

Vierge sainte, ô le refuge assuré de ceux qui ont des besoins, ô la plus puissante médiatrice que nous ayons auprès de Dieu, ceux et celles que vous voyez ici prosternés à vos pieds, sont autant d'enfans chrétiens que votre Fils a nourris, aujourd'hui pour la première fois de son corps adorable, qu'il a enivrés de son sang précieux, et auxquels il a inspiré la résolution de n'aimer que lui seul ; ce sont des enfans que leur première communion a rendus plus particulièrement les vôtres.

Nous venons de jurer sur les fonts du baptême un attachement inviolable à Jésus-Christ votre Fils, mais il manquerait quelque chose à cet acte de dévouement, si nous ne venions au pied de votre autel, exprimer les sentimens de notre reconnaissance et de notre amour pour vous.... Peut-on se consacrer au Fils ? peut-on se dévouer à lui, sans se consacrer et se dévouer en même temps à la Mère ?

Nous venons donc, auguste Marie, rendre hommage à vos grandeurs, reconnaître vos bontés et réclamer votre protection. Chargée d'exprimer lés sentimens dont mes compagnons et compagnes sont pénétrés, désirant de répondre à leur piété et de me satisfaire moi-même, je vous offre leur cœur et le mien, c'est le gage de notre respect, de notre amour pour vous, et de la tendre confiance que nous avons en vos miséricordes. Agréez la protestation que nous faisons de vivre et de mourir dans votre service. O douce consolation des malheureux, soyez l'appui de notre jeunesse. Ah ! maintenant que nous sommes lavés dans le sang de votre Fils, maintenant que nous avons retrouvé la robe de notre innocence, serait-il possible que nous retombassions dans les fautes qui nous avaient fait perdre la grâce du Seigneur. Non, non, Marie sera notre guide, Marie sera l'étoile qui nous sauvera du naufrage. Approchez, chers compagnons et compagnes, venez déposer l'offrande de votre cœur au pied de cet autel ... Peuple fidèle qui m'entendez, glorieux habitans des cieux, Anges du Tout-Puissant, brûlans Chérubins, réunissez vos voix, redoublez vos concerts pour exalter le nom de Marie.

Gloire, gloire, reconnaissance à celle qui se déclare en ce moment notre protectrice pour l'être encore dans l'éternité.

ACTE DE FOI.

Mon Dieu, je crois fermement tout ce que vous avez révélé, et ce que l'Eglise nous propose à croire, je le crois, ô mon Dieu, parceque vous êtes la vérité même, et que vous ne pouvez ni vous tromper, ni nous tromper.

ACTE D'ESPÉRANCE.

Mon Dieu, j'espère que vous me ferez la grâce, par les mérites de Jésus-Christ, de vous servir fidèlement sur la terre, et de vous posséder éternellement dans le ciel.

ACTE DE CHARITÉ.

Mon Dieu, je vous aime de tout mon cœur, et par-dessus toutes choses, parceque vous êtes infiniment bon et infiniment aimable, et j'aime mon prochain comme moi-même pour l'amour de vous.

ACTE DE CONTRITION.

Mon Dieu, j'ai un très-grand regret de vous avoir offensé, parceque vous êtes infiniment bon et infiniment aimable, et que le péché vous déplaît, je fais une ferme résolution, moyennant votre sainte grâce, de ne plus vous offenser à l'avenir.

VOEUX DU BAPTÊME,

POUR LES GARÇONS.

NON, je ne rougirai pas, mon Dieu, de venir rétracter ici publiquement les torts et les erreurs de ma vie : puisque c'est ici que vous m'avez comblé de vos bienfaits ; c'est ici que je veux faire l'aveu de mon ingratitude. Hélas ! quels souvenirs ne me rappellent pas cette Croix, ce Livre des Evangiles, ces eaux qui n'ont coulé sur ma tête que pour m'inonder de vos bontés infinies, et de vos grâces ineffables. Je sens d'autant plus vivement, Seigneur, l'énormité de mes fautes, que je suis plus à portée que jamais de les comparer à votre sainteté et aux soins de votre inépuisable charité pour moi. Eh ! quand puis-je mieux apprécier mon indignité et vos perfections adorables qu'au moment où je sors du Tribunal de la pénitence où j'ai trouvé pardon, qu'au moment où je quitte la table où vous avez permis à vos enfans reconciliés de venir s'asseoir ?—Oui, je les sens, mon Dieu, les égaremens de ma vie passée; leur souvenir jette en mon cœur un éternel regret d'avoir offensé le meilleur des pères; et ces fonts sacrés semblent me dire en ce moment que je ne pourrai jamais suffisamment réparer les torts que j'ai faits à mon âme en oubliant si vîte le bonheur de vivre sous les lois d'un maître tel que vous.... Joseph, dont la pureté et la vertu sont si dignes d'envie; le tendre Joseph quitta son père, il est vrai, mais c'était pour aller chercher ses frères et revenir consoler l'auteur de ses jours.... Tobie, modèle d'obéissance et de respect filial, s'éloigna aussi de ses parens, mais c'était encore pour devenir l'instrument de leur joie et de leur félicité.... Moi, j'ai quitté mon père qui est dans les cieux, pour le désoler sans cesse par mes prévarications. Dignes représentans de Jésus-Christ, qui presidâtes à mon baptême, malgré toute votre indulgence et votre charité, que pourriez-vous dire pour ma justification ? Ici, après avoir fait couler sur moi l'eau du baptême qui m'a introduit au sein de l'Eglise, vous me couvrîtes du voile blanc et sans tache, symbole de l'innocence, dont je venais d'être revêtu dans le premier de vos sacremens. Vous m'enjoignîtes de la garder avec soin, pour la représenter au tribunal de Dieu. Ici vous mîtes en mes mains une lampe ardente, image de la foi et de la fidélité que je devais garder *irrépréhensible*, jusqu'à ce jour où viendra l'époux.... Quel usage ai-je fait de vos salutaires invitations ? Mon innocence

s'est ternie comme la fleur des champs ; le flambeau de ma foi s'est obscurci, et il menaçait de
s'éteindre, sans vous, ô mon Dieu, qui seul
pouvez ranimer la mèche qui fume encore. Vous
l'avez pu, vous l'avez voulu à mon égard : grâces à vos inépuisables bontés, j'ai retrouvé ce que
j'avais perdu. En moi vous avez encore reconnu
votre enfant, en moi vous avez reconnu l'objet
de votre amour et de votre sollicitude : aujourd'hui
j'en ai acquis la preuve certaine ; je porte dans
mon cœur le gage sacré de ma réconciliation
avec le meilleur et le plus tendre de tous les
pères. Il est donc juste de ne pas comprimer
l'élan de ma reconnaissance, c'est un devoir de
publier des bienfaits que rien n'égalera jamais !
mais en même temps je veux éterniser le souvenir de cette belle journée par un engagement
solennel : d'autres ne promettront plus pour
moi, je promettrai moi-même ; oui, mon Dieu, je
veux parler moi-même.... Ici je ne veux plus
de médiateur ni de représentans.... Je le prononce de cœur comme de bouche ; je crois un
Dieu créateur du ciel et de la terre ; je crois
en Jésus-Christ son fils, mort pour me racheter ; je crois au St-Esprit qui m'a sanctifié ;
je crois l'Eglise Catholique, Apostolique et Romaine, dans le sein de laquelle je veux mourir ; je renonce de tout mon cœur au péché, et
à tout ce qui porte au péché, et je veux à jamais être à vous, ô le Dieu des faibles et le
soutien de l'enfance.

Voilà, dignes Pasteurs, les vœux que je fais

en

en ce lieu même, où je devins l'héritier du Ciel ;
je voudrais leur donner une publicité égale à la
sincérité qui me les a dictés....Vous, heureux
compagnons de mon bonheur, suppléez à mon
incapacité ; je parle en mon nom et au vôtre ;
unissez-vous donc à moi pour jurer un attachement inviolable à l'auteur de ma félicité. Nous
avons été instruits ensemble de sa loi sainte,
nous avons été reçus ensemble ce matin à sa table ;
nous devons ensemble porter les mêmes vœux au
pied du trône de Dieu ; nous devons ensemble
haïr le vice ; nous devons ensemble aimer Jésus-
Christ pour être ensemble couronnés au séjour
de l'éternelle paix. Ainsi soit-il.

Pour les Filles.

Que rendrai-je au Seigneur pour tous les biens
dont il m'a comblée ! Non, mon cœur ne sen-
tira jamais assez jusqu'où doit aller ma reconnaissance. Ah ! dans mon néant, quelle serait ma
présomption, si j'allais penser que je puis suffisamment répondre à tout ce que mon Dieu a
daigné faire pour moi. O mon Sauveur, votre
miséricorde, votre bonté, votre tendresse et
votre amour pour moi sont sans bornes ; et de
moi-même je ne puis rien pour vous. Mes premiers momens dans cette vie ont été marqués
par un bienfait qui seul demande un éternel
souvenir.... Vous en fûtes les témoins, fonts
sacrés ! Oui, c'est ici que mon Dieu daigna
m'adopter pour enfant : en paraissant dans ce
monde, je portais les livrées du démon, j'étais

destinée à un honteux esclavage, et un malheur sans fin devait être mon partage.... Touché de compassion, entraîné par un désir in-
satiable de faire des heureux, vous êtes venu,
ô mon Créateur, vous êtes venu médecin com-
patissant appliquer sur mes plaies le remède
qui pouvait seul les guérir.... Ici, sur les bords
même de cette fontaine salutaire, à l'ombre de
cette Croix, instrument de la mort de mon
Dieu, j'ai retrouvé la vie, j'ai repris ma place
parmi les enfans du royaume des cieux. « Le
Ciel s'ouvre, plus d'enfer, et le concert des anges m'introduit au sein de l'Eglise ! » Depuis
cet heureux moment, j'ai compté mes jours par
vos bienfaits, et c'est ce qui me fait sentir
combien je suis coupable....

Puis-je subsister devant vous, ô mon Dieu !
si vous observez mes iniquités.... J'avais reçu
une mesure abondante de grâces dans le baptême ; « mais bientôt je me suis lassée de vous
avoir pour père, j'ai blessé votre tendresse, j'ai
violé vos saintes lois.... Mais, je l'espère, mes
larmes ont obtenu pardon, un de vos représentans sur la terre m'a rassurée sur mes fautes
passées, en me parlant de vos miséricordes : je
garderai un éternel souvenir des paroles de paix
qu'il a bien voulu m'adresser en votre nom....
Je pouvais donc encore goûter les charmes de
votre maison ; » Je l'ai éprouvé en ce jour que
je dois regarder comme le plus beau de ma vie !
O Dieu d'amour ! oui, je me souviendrai sans
cesse du moment où vous m'avez permis de

m'asseoir à votre table ; elles retentissent encore à mes oreilles, elles pénètrent mon cœur, les paroles que votre ministre nous adressait ce matin de votre part : « *Laissez venir à moi les petits enfans.* » Comblée de vos bontés, rassasiée de votre chair adorable, quelle serait maintenant mon ingratitude, si j'allais retourner à ces tentes coupables où s'agitent les pécheurs. « Mais non, je ne veux plus sacrifier au dieu du mensonge ; il avait égaré ma jeunesse ; c'est au Dieu du Calvaire, c'est à Jésus, mes délices et ma vie, que je veux me consacrer sans retour.... A Jésus toutes mes pensées, à Jésus tous mes désirs, à Jésus les affections de mon cœur, à Jésus, à Jésus pour jamais ! ! ! Voilà les vœux que je réitère en ce moment ; moyennant la grâce de mon Dieu, j'y demeurerai fidèle ; je le promets, je le jure.....

Ministres du Seigneur, mes modèles et més guides, soyez les dépositaires de mes sermens ; peuple fidèle qui avez été lavé dans les eaux du même baptême, soyez témoin de ma consécration à Dieu. « *O mon Père, ô ma Mère,* » ne m'estimez plus digne d'être votre enfant, si je manque aux promesses que je fais d'une manière si solennelle. Et vous, Dieu de la jeunesse, que ma langue s'attache à mon palais, que cette main droite se dessèche, si j'oublie jamais que je me suis donnée à vous pour le temps et pour l'éternité. Ainsi soi-il.

Pour les Garçons.

Seigneur, après d'innombrables bienfaits de votre part, la reconnaissance est le premier besoin comme le premier devoir de nos cœurs. Quand les Israëlites eurent secoué le joug de leur esclavage ; lorsqu'ils eurent passé la mer rouge, à la vue des ennemis qui les poursuivaient, leurs premiers accens furent ceux de l'amour et de l'action de grâce. Revenus de leur épouvante, ils chantaient sur la rive la bonté et la puissance du Dieu des armées, qui gouverne à son gré les divers élémens ; et nous aussi, nous bénissons en ce moment la miséricorde infinie de celui qui nous tira de l'esclavage.... O combien était-il déplorable notre sort, sous le maître inhumain que nous servions ! En entrant dans cette vie , nous fûmes condamnés à la plus honteuse servitude : les traits primitifs de notre noblesse étaient presque effacés ; le rayon de notre glorieuse immortalité menaçait de s'éteindre. Nous gémissions sur des bords étrangers ; nous étions éloignés de Dieu par le péché ; mais ce même Dieu, qui suscita autrefois Moïse pour sauver Israël, malheureux et captif, s'est souvenu de nous : malgré notre misère et notreingratitude, il s'est souvenu que nous étions ses enfans.

Voici, mon Dieu, le monument sacré qui me rappelle à la fois et la profondeur de mon néant et l'étendue de vos miséricordes....Voici ce nouveau Jourdain, dont les eaux en coulant sur mon front m'ont rendu à la vie de la grâce, que le péché originel m'avait ôtée. Seigneur, qu'est-ce que l'homme, et que suis-je pour que vous vous soyez ainsi souvenu de moi ? Ah ! du moins, si je pouvais user de quelque retour, si je pouvais balancer tant de faveurs par mes souvenirs et ma reconnaissance ; mais mes souvenirs et ma reconnaissance sont limités, et votre tendresse est sans bornes ? Au reste, divin Jésus, je suis l'ouvrage de vos mains, vous m'avez fait pour vous, et vous ne me demanderez pas au-delà de mes forces.... Voudriez-vous rejeter aujourd'hui mes vœux et mes sermens ; moi qui fut créé à votre image et à votre ressemblance ; moi qui suis revenu au Père que j'avais abandonné ; moi qui confesse en ce moment tous les torts de ma jeunesse ; moi qui fais à vos pieds l'aveu de mes égaremens, moi qui suis inondé du sang de Jésus-Christ ? Ah ! du moins mes larmes obtiendront-elles pardon.... Non, mon Dieu, vous ne verrez pas avec indifférence, j'en ai la douce persuasion, vous ne verrez pas avec indifférence un de vos enfans venir renouveler ici des vœux qui intéressent tant votre tendresse et votre gloire. Voici le lieu où je devins Chrétien ; voici la Croix, instrument de mon salut ; voici l'Évangile, règle unique et invariable de ma vie.. Eh bien ! sur ces objets sacrés, je jure haine au démon, au monde et à ses pernicieuses maximes.... Je jure fidélité à Dieu, amour à la Croix et aux maximes du Sauveur des hommes. Périssent tous principes, toute doctrine qui ne seraient pas les principes et la doctrine de mon divin Maître. Vive à jamais le sacrement qui me fit Chrétien et héritier du ciel; reconnaissance à Dieu qui m'a pardonné dans le sacrement de pénitence; amour à Jésus qui s'est donné à moi dans l'Eucharistie; vive à jamais et sa morale et ses mystères. Ainsi soit-il.

Pour les Filles.

Je viens, mon Dieu, renouveler ici des vœux que d'autres prononcèrent autrefois pour moi. La reconnaissance me fait un devoir de manifester le plaisir que j'éprouve au souvenir de tout ce que votre bonté inépuisable a fait pour moi depuis mon entrée dans l'Eglise; et ce jour que le Seigneur a fait, ne devait pas finir sans être témoin de mon irrévocable attachement à votre service aimable. De combien de sentimens mon âme n'est-elle pas remplie à la fois, quand pour couronner une si belle fête, je puis en ces lieux prêter le serment de fidélité à celui qui se déclara le protecteur de ma jeunesse..... Oui, soyez béni, mon Dieu, soyez béni mille fois pour votre indulgence et votre miséricorde...C'est en ce moment que je reconnais que ces attributs sont ceux de votre cœur, ce cœur qui ne veut pas souffrir qu'une seule âme périsse : la mienne était menacée d'un malheur éternel, ce malheur était certain.... Je devais être éloignée de vous pour toujours, pour toujours étrangère aux joies ineffables des élus! j'entrai dans la vie avec le caractère d'une réprouvée, le sceau de la malédiction était empreint sur mon front : c'est ainsi que je parus pour la première fois sous ces portes sacrées. Mais un ministre de Jésus-Christ me dit d'entrer plus avant dans le temple du Seigneur *pour avoir la vie éternelle*. C'est alors que je vins sur les bords de cette fontaine salutaire où des chrétiens pleins d'une charité que je sais apprécier maintenant, se constituèrent ma caution et répondîrent en mon nom qu'ils juraient fidélité et haine au démon.... Sur la foi de leurs sermens l'eau du baptême coula sur mon front et effaça la tache honteuse du péché de mon origine ; je fus revêtue d'innocence : *le chréme du salut* et de la vie fit de moi une servante de Jésus-Christ. Oui, divin Jésus, je fus enrôlée des-lors sous vos étandards ; je promis de demeurer sous vos pavillons aimables. Sion devait sans cesse rester cher à mon cœur, Sion devait chaque jour entendre mes chants d'amour et de reconnaissance, et du moment où j'entrais au service d'un maître si plein de bonté, l'ingratitude devenait pour moi un crime impardonnable ; car ici la grandeur de l'offense doit se mesurer sur la miséricorde de mon Dieu.... Eh ! puis-je douter un instant qu'elle n'ait été infinie à mon égard ? ici je reçus tout de celui qui ne me devait rien ; ici je déposai les fers de mon esclavage, ici je recouvrai l'innocence avec son noble orgueil, ici je fus armée du bouclier de la foi avec lequel je pouvais défier les ennemis les plus formidables ; pourquoi faut-il que tant de prérogatives ne servent en ce moment qu'à me rendre plus coupable ?

A côté de tant de bienfaits, n'est-il pas déchirant le souvenir de mes iniquités ? pourquoi le lys sans tache de l'innocence fut-il mis dans ma main, si je devais sitôt en ternir la blancheur ? ô beau jour trop tôt passé ; hélas ! je me suis lassée d'avoir le Seigneur pour père, mais je le dis encore, soyez béni, mon Dieu, le trésor de vos indulgences est inépuisable. Comme une rosée bienfaisante, votre grâce est descendue sur moi, pour ranimer mes langueurs, loin de vous, je périssais comme une plante privée d'humidité et transplantée dans un terrain ingrat et stérile ; près de vous j'ai retrouvé la vie comme l'arbre retrouve la fraîcheur sur le bord des ruisseaux limpides. Entretenez sans cesse en moi, divin Jésus, l'état heureux de grâces ineffables et de sentimens d'amour que j'ai recouvré dans les sacremens que j'ai reçus ; en retour je vous promets et je le promets d'une manière solennelle : je vous promets fidélité et reconnaissance éternelle. Désormais, tant que votre providence prolongera mon existence, avant l'aurore mon cœur vous appellera et renouvellera le vœu d'être à vous ; et quand le jour finira, je veux que mes dernières pensées vous ayent encore pour objet. Oui, je veux sans cesse reposer en vous, source intarissable des plus pures délices ; je veux répéter le serment de demeurer sous votre empire, je veux réparer par ma vie édifiante les fautes de ma jeunesse, je veux être à Jésus et Marie ; je veux être à mon Sauveur, à mon Sauveur pour toujours.

Ainsi soit-il.

VŒUX DU BAPTÊME.

POUR LES GARÇONS.

POURQUOI, Seigneur, tarderais-je plus long-temps à renouveler des vœux et des sermens qui m'imposent de si utiles et de si douces obligations ? Oui, je bénis mille fois le jour où l'occasion m'est offerte de témoigner à mon Dieu combien je tiens au bonheur de rentrer sous son aimable empire.... Car, par ma faute, j'avais perdu le privilège heureux de marcher sous les étendards de Jésus-Christ.... Aujourd'hui, dans ce temple auguste, j'ai reçu la preuve la plus éclatante des bonnes grâces et de la faveur du plus indulgent et du plus miséricordieux des maîtres. Mon cœur brûle encore du feu de l'amour divin allumé dans la première communion que j'ai faite : ce feu sacré me pénètre, il m'inspire les protestations que je vais faire.....

Chers compagnons, vous qui avez été instruits avec moi de la science qui éclaire et conduit au ciel ; vous qui avez partagé mon bonheur, ah ! ne refusez pas en ce moment de partager mes transports et la sincérité de mes sentimens. Je parle en mon nom et au vôtre : notre cause et nos intérêts sont les mêmes..... Vous venez d'entendre un représentant de Jésus-Christ nous engager, nous presser de donner à jamais et pour toujours nos cœurs à l'aimable Jésus.... O combien ses paroles sont d'accord avec les résolutions que nous avons prises depuis long-temps !.... Voici le moment de les rendre publiques ces résolutions. Sous ces voûtes sacrées, un peuple entier de Fidèles nous environne et nous honore de sa bienveillance : nos parens nous entendent avec attendrissement, leurs regards s'attachent sur nous ; ils sont impatiens d'entendre sortir de notre bouche la protestation d'être à Dieu irré-vocablement.... Comme la courageuse mère des Machabées sentait son cœur tressaillir de joie à chacune des paroles par lesquelles ses enfans juraient fidélité au Dieu d'Israel, de même ceux à qui nous devons le bienfait de notre nais-sance dans le temps sont avides de recueillir en ce moment la récompense des soins qu'ils ont donnés à notre éducation chrétienne. Réu-nissons donc et nos voix et nos cœurs pour faire retentir cette enceinte des accens de la fi-délié, de l'amour et de la reconnaissance....

Voici la fontaine de grâce ouverte comme au jour de mon baptême : c'est ici ce nouveau jour-dain dont les eaux autrefois m'ont donné la vie.... Mais que signifie ce livre des évangiles ? que veut dire cette croix ? et pourquoi dans mes mains ce flambeau allumé ? Ah ! je comprends, mon Dieu, ce que retracent tous ces objets. Dans mon premier baptême, j'avais juré de garder votre sainte loi et de porter votre joug aimable jusqu'à la mort... Hélas ! ce livre pré-cieux où sont consignés vos oracles et mes de-voirs, je l'ai bientôt fermé et repoussé loin de moi.... Aujourd'hui on me le représente pour me rappeler mes anciens engagemens.... Cette croix par laquelle un Dieu a vaincu le monde, devait être sans cesse mon refuge et mon asile ; et je lui ai préféré la folie du siècle ; aujourd'hui, on me la remet devant les yeux, pour m'engager à revenir au Dieu du calvaire et à n'aimer que lui seul. Ce flambeau que des mains étrangères tenaient en mon nom, est le symbole de la foi qui doit éclairer un Chrétien.... En ce moment, j'aime à le tenir moi-même pour vous demander, ô mon Dieu, la grâce de ne tomber jamais dans les ténèbres de l'infidélité.............

Anges du ciel, Vierge sainte, la mère et l'appui de l'enfance, je vous prends à témoin des vœux que je vais reitérer.... Tendre Marie, voudriez-vous être insensible à ma démarche, lorsqu'elle touche de si près les intérêts d'un fils, l'éternel objet de votre amour.... La main sur la croix et l'évangile, les regards fixés sur mon divin Sauveur, le cœur plein de repentir, de fidélité et de reconnaissance, oui, je jure une haine éternelle au péché et à tout ce qui cause le péché.... Faux plaisirs qui veniez assiéger mon enfance, quittez-moi, je vous ai quittés.... Trompeuses voluptés qui tendez tant de piéges à notre âge, amour déréglé des biens du monde, quittez-moi, je vous ai quitté. Esprit du monde, vanité, orgueil, impiété, irréligion, je le redis encore, quittez-moi, quittez-moi, puisque je vous ai quittés...A vous seul, mon Seigneur et mon Dieu, ma consolation, mon espérance et ma vie, à vous seul je dois consacrer toutes les facultés de mon âme.... Désormais, je ne suivrai que vous, je ne m'attacherai qu'à vous, je n'aimerai que vous.... Etre à vous sans partage ici-bas, être heureux de votre propre bonheur dans les cieux, c'est le vœu d'un cœur qui ne trouve rien de si doux que de vous bénir sans cesse. Ainsi soit-il.

AUTRE CONSÉCRATION A LA SAINTE VIERGE.

Vierge sainte, vous avez eu trop de part aux triomphes que nous avons obtenus aujourd'hui, pour que nous ne venions pas vous faire l'hommage de nos couronnes ; nous les déposons donc à vos pieds comme un gage de notre amour et de notre reconnaissance. Nous venons vous proclamer notre Reine, et en même temps vous invoquer comme la mère des miséricordes ; comme Reine, vous pouvez tout pour nous ; comme mère de miséricorde, vous voulez pour nous tout ce que vous pouvez : que ne devons-nous donc pas attendre ? ô Vierge adorable, vous êtes, après Dieu, notre vie, notre plus chère espérance ; après Dieu, vous êtes notre consolation ; ô constant et sûr asile du pauvre ! ô refuge des malheureux, ô solide espoir des pécheurs ! si l'indigence nous presse, nous aurons recours à vous, et vous nous aiderez à la porter ; si l'adversité nous afflige, nous irons à vous et vous nous aiderez à la sanctifier ; si le danger nous menace, nous

aurons

aurons recours à vous, et vous nous aiderez à l'éviter. Nos pères ont espéré en vous et jamais ils ne furent confondus; commenceriez-vous par nous à retirer vos faveurs et vos grâces?

Enfans sans expérience, environnés d'écueils et de périls de tout genre, à qui demanderons-nous du secours, si ce n'est à vous, illustre Marie; nous avons, il est vrai, un puissant médiateur dans le Ciel, Jésus-Christ; ce Jésus que vous avez porté dans vos entrailles et que nous portons dans nos cœurs depuis la communion que nous avons eu le bonheur de faire ce matin; mais s'il est notre médiateur, il est aussi notre juge, servez-nous donc d'avocate auprès de lui, prenez notre cause entre vos mains. La carrière où nous allons entrer va découvrir à nos yeux toutes les séductions d'un siècle corrompu.... Quel contraste entre la pureté et l'innocence qui règnent dans la maison de Dieu et la perversité qui souille les *tentes du pécheur* ! quelle différence entre les leçons de la vertu que nous avons reçues dans ces saints asiles, et les doctrines mensongères que le monde va nous faire entendre de toutes parts ! ici Dieu remplit nos cœurs des consolations de la religion, il nous enivre d'amour et nous inspire la plus grande horreur du vice. Dans le monde, l'impiété insulte à ce qui fait en ce moment l'objet de nos respects et de notre vénération : nous le savons, l'ennemi de notre salut se prépare à nous dresser des embûches, prenez donc notre défense, Vierge incomparable ; soyez l'étoile heureuse qui éclaire notre route dans le pénible voyage de la vie.

Je viens en ce moment, au nom de tous ceux qui ont aujourd'hui partagé mon bonheur, prendre l'engagement de n'oublier jamais ce que vous avez fait et ce que vous vous disposez à faire encore pour nous : de cette même bouche qui vient de renouveler les vœux du baptême, je jure de reconnaître sans cesse Marie pour ma protectrice et ma mère ; je jure de lui consacrer chaque jour une prière particulière, je jure de partager mes hommages entre elle et son fils bien-aimé ; je jure de l'aimer et de l'aimer toujours. Ainsi soit-il.

TABLE.

TABLE.

FIN DE LA TABLE.

PERMISSION.

Nous, Pierre DUPONT-POURSAT, par la Miséricorde Divine, et la grâce du Saint-Siége Apostolique, Evêque de Coutances,

Permettons au Sieur P. L. Tanquerey, notre Imprimeur, d'imprimer le petit Livre ayant pour titre : *Extrait des Cantiques de St-Sulpice, avec de nouveaux Actes pour la première Communion des Enfans, etc., etc., etc.*

Donné à Coutances, en notre Palais épiscopal, sous la signature de notre Vicaire général, le sceau de notre Siége et le contre-seing de notre Secrétaire, le 4 Octobre 1828.

L'HERMITTE,
Vic. gén.

Par Mandement de M.gr l'Evêque de Coutances :

Michel, Prêtre, Sous-Secrétaire

AVIS.

On trouve chez le même Libraire, à des prix modérés, un grand assortiment de Livres de piété, d'éducation, etc., le Paroissien complet sous divers formats avec l'Office des morts en latin et en français, la Journée du chrétien augmentée de la Messe de l'Enterrement, de celle du mariage, de la doctrine chrétienne et des preuves de la Religion par M. l'Abbé DE-LA-HOGUE ; la Bonne Journée, et tous les ouvrages de M. COUTURIER ; les maximes tirées du nouveau testament en français ; et l'essai sur l'Eloquence de la chaire par le Cardinal MAURY, format in-8.°, belle édition et format in-12, à très-bon marché.

Il vient de faire paraître un petit Livre intitulé : Sentimens affectueux sur le Pater.

www.ingramcontent.com/pod-product-compliance
Lightning Source LLC
Chambersburg PA
CBHW061400060726
47597CB00003B/936